"十四五"职业教育国家规划教材

"十三五"职业教育国家规划教材

城市轨道交通车站机电设备

主　编　李红莲
副主编　董晓净　孙艳英

机械工业出版社

本书是"十四五"职业教育国家规划教材。

本书介绍了城市轨道交通车站中常见机电设备的组成、功能、工作原理、设备使用操作及运行管理，内容包括站台门系统、电扶梯系统、给水排水系统、消防系统、低压配电与照明系统、通风空调系统、广播系统与乘客信息系统和综合监控系统。

本书可作为职业院校城市轨道交通运营管理专业和机电专业的教材。

为方便教学，本书配有电子课件，凡选用本书作为授课教材的教师均可登录 www.cmpedu.com 以教师身份免费注册、下载，编辑咨询电话：010-88379375。

图书在版编目（CIP）数据

城市轨道交通车站机电设备/李红莲主编. —北京：机械工业出版社，2017.6（2025.6重印）
"十三五"职业教育城市轨道交通专业规划教材
ISBN 978-7-111-56768-4

Ⅰ.①城… Ⅱ.①李… Ⅲ.①城市铁路-车站设备-机电设备-职业教育-教材 Ⅳ.①U239.5

中国版本图书馆 CIP 数据核字（2017）第 100710 号

机械工业出版社（北京市百万庄大街22号　邮政编码100037）
策划编辑：曹新宇　责任编辑：曹新宇　臧程程
责任校对：佟瑞鑫　封面设计：鞠　杨
责任印制：常天培
北京中科印刷有限公司印刷
2025年6月第1版第16次印刷
184mm×260mm・9.25印张・220千字
标准书号：ISBN 978-7-111-56768-4
定价：28.00元

电话服务　　　　　　　　　网络服务
客服电话：010-88361066　　机　工　官　网：www.cmpbook.com
　　　　　010-88379833　　机　工　官　博：weibo.com/cmp1952
　　　　　010-68326294　　金　书　网：www.golden-book.com
封底无防伪标均为盗版　　　机工教育服务网：www.cmpedu.com

关于"十四五"职业教育
国家规划教材的出版说明

为贯彻落实《中共中央关于认真学习宣传贯彻党的二十大精神的决定》《习近平新时代中国特色社会主义思想进课程教材指南》《职业院校教材管理办法》等文件精神，机械工业出版社与教材编写团队一道，认真执行思政内容进教材、进课堂、进头脑要求，尊重教育规律，遵循学科特点，对教材内容进行了更新，着力落实以下要求：

1. 提升教材铸魂育人功能，培育、践行社会主义核心价值观，教育引导学生树立共产主义远大理想和中国特色社会主义共同理想，坚定"四个自信"，厚植爱国主义情怀，把爱国情、强国志、报国行自觉融入建设社会主义现代化强国、实现中华民族伟大复兴的奋斗之中。同时，弘扬中华优秀传统文化，深入开展宪法法治教育。

2. 注重科学思维方法训练和科学伦理教育，培养学生探索未知、追求真理、勇攀科学高峰的责任感和使命感；强化学生工程伦理教育，培养学生精益求精的大国工匠精神，激发学生科技报国的家国情怀和使命担当。加快构建中国特色哲学社会科学学科体系、学术体系、话语体系。帮助学生了解相关专业和行业领域的国家战略、法律法规和相关政策，引导学生深入社会实践、关注现实问题，培育学生经世济民、诚信服务、德法兼修的职业素养。

3. 教育引导学生深刻理解并自觉实践各行业的职业精神、职业规范，增强职业责任感，培养遵纪守法、爱岗敬业、无私奉献、诚实守信、公道办事、开拓创新的职业品格和行为习惯。

在此基础上，及时更新教材知识内容，体现产业发展的新技术、新工艺、新规范、新标准。加强教材数字化建设，丰富配套资源，形成可听、可视、可练、可互动的融媒体教材。

教材建设需要各方的共同努力，也欢迎相关教材使用院校的师生及时反馈意见和建议，我们将认真组织力量进行研究，在后续重印及再版时吸纳改进，不断推动高质量教材出版。

机械工业出版社

前 言 PREFACE

随着建设交通强国战略的全面、深入实施，我国城市轨道交通继续跨越发展。"十三五"期间，我国城市轨道交通新增运营里程4000km，发展迅速，在满足人民群众交通出行、缓解城市交通拥堵、促进经济社会发展方面发挥了重要作用，已成为改善城市居民生活品质、提升人民群众获得感和幸福感的重要载体。

截至2020年底，我国已开始运营轨道交通的内地城市达44个，在建城市达到60个，行业对运营维护、技术服务及一线管理的人才需求进一步突显。车站设备是直接与乘客接触的设备，对车站的正常运营和乘客的安全出行起到重要的作用。作为运营管理人员不仅要了解设备的物理特性，更要掌握设备的操作方法，甚至要能对常见的故障进行排查和处理。

由于各城市轨道交通车站使用的设备不尽相同，本书本着特殊性和普遍性相结合的原则，以北京、上海等主要城市的城市轨道交通车站设备为例进行说明，希望学生能通过学习具备举一反三的能力。本书根据职业院校学生的学习能力及特点，结合职业标准和企业实际岗位需求，在每一单元的"技能训练"部分，设计了与实际任务贴合又便于实施的任务，针对不同的任务也提供了不同的考核形式。这样的设计，既锻炼学生将知识应用到实际操作中的能力，又方便老师教学实施。

教材在每个单元都设置"学习导入""学习目标""理论知识""技能训练""课后习题"。本次修改，尝试将思政教育融入课程，在每个单元增加了"小案例"，将学生应知应备的社会观念、专业价值、工匠精神、行为规范和道德修养等有机融入到专业能力的培养中。同时，本书对相关教学内容进行了更新，例如"安全门系统"更新为"站台门系统"，对书中部分细节进行了修正。主编作为国家级职业教育城市轨道交通专业教学资源库中《城市轨道交通车站设备运用与监控》资源建设的主持人，已建成视频、微课、PPT、习题等数字资源，借助信息技术，紧抓数字化机遇，将二维码等数字技术融入教材，助力学生学习成长，进一步丰富、优化、更新教材数字化资源，推进教育数字化。

本书由北京交通运输职业学院李红莲担任主编并负责统稿。参编人员及分工为：北京交通运输职业学院李红莲编写单元一、单元八，北京市对外贸易学校董晓净编写单元三、单元六，河北轨道运输职业技术学院孙艳英编写单元二、单元四，北京市对外贸易学校王佳星编写单元五，中国铁路北京局集团公司石家庄铁路专业技术服务中心冯硕编写单元七。

本书的编写引用了大量的专业书籍以及多个城市的城市轨道交通运营企业的相关资料、图片，在此对相关作者表示衷心的感谢。北京交通运输职业学院思政部王勇老师在思政元素的提取上给出了很多的建议和帮忙，在此一并感谢。

由于编者水平有限，加上城市轨道交通技术日新月异，书中难免有一些错误和不足之处，恳请读者批评指正。

编 者

目 录 CONTENTS

前言
单元一　站台门系统 …………………… 1
　【学习导入】 ………………………………… 1
　【学习目标】 ………………………………… 1
　【理论知识】 ………………………………… 2
　　课题一　站台门系统概述 …………………… 2
　　课题二　站台门系统组成 …………………… 3
　　课题三　站台门控制系统 …………………… 5
　　课题四　站台门运营管理 …………………… 9
　【技能训练】 ………………………………… 10
　　任务一　站台门日常巡查 …………………… 10
　　任务二　站台门操作 ………………………… 12
　　任务三　站台门故障处理 …………………… 16
　【课后习题】 ………………………………… 18
单元二　电扶梯系统 ………………… 19
　【学习导入】 ………………………………… 19
　【学习目标】 ………………………………… 19
　【理论知识】 ………………………………… 20
　　课题一　垂直电梯 …………………………… 20
　　课题二　自动扶梯 …………………………… 28
　　课题三　楼梯升降机 ………………………… 35
　　课题四　地铁车站电扶梯系统常见
　　　　　　故障处理 …………………………… 38
　【技能训练】 ………………………………… 39
　　任务一　自动扶梯操作实践 ………………… 39
　　任务二　垂直电梯操作实践 ………………… 41
　　任务三　楼梯升降机操作实践 ……………… 43
　【课后习题】 ………………………………… 44
单元三　给水排水系统 ……………… 45
　【学习导入】 ………………………………… 45

　【学习目标】 ………………………………… 45
　【理论知识】 ………………………………… 46
　　课题一　给水系统和排水系统 ……………… 46
　　课题二　水消防系统 ………………………… 49
　【技能训练】 ………………………………… 53
　　任务一　给水排水系统日常巡查 …………… 53
　　任务二　水泵房日常巡视 …………………… 54
　　任务三　给水排水系统常见故障
　　　　　　处理 ………………………………… 56
　【课后习题】 ………………………………… 57
单元四　消防系统 …………………… 58
　【学习导入】 ………………………………… 58
　【学习目标】 ………………………………… 58
　【理论知识】 ………………………………… 59
　　课题一　火灾自动报警系统 ………………… 59
　　课题二　气体灭火系统 ……………………… 75
　　课题三　其他消防设备设施 ………………… 80
　【技能训练】 ………………………………… 87
　　任务一　火灾自动报警系统的维护 ………… 87
　　任务二　烟烙尽气体灭火系统的
　　　　　　维护 ………………………………… 90
　【课后习题】 ………………………………… 92
单元五　低压配电与照明系统 ……… 93
　【学习导入】 ………………………………… 93
　【学习目标】 ………………………………… 93
　【理论知识】 ………………………………… 94
　　课题一　车站低压配电系统 ………………… 94
　　课题二　车站照明系统 ……………………… 96
　【技能训练】 ………………………………… 100
　　任务一　低压开关柜日常巡查 ……………… 100

任务二　照明系统故障应急处理 …… 102
　【课后习题】…………………………… 105
单元六　通风空调系统 …………… **106**
　【学习导入】…………………………… 106
　【学习目标】…………………………… 106
　【理论知识】…………………………… 107
　　课题　车站通风空调系统概述 …… 107
　【技能训练】…………………………… 111
　　任务　设备和管理用房的排烟操作 … 111
　【课后习题】…………………………… 113
单元七　广播系统与乘客信息系统 … **114**
　【学习导入】…………………………… 114
　【学习目标】…………………………… 114
　【理论知识】…………………………… 115
　　课题一　广播系统 ………………… 115
　　课题二　乘客信息系统 …………… 117
　【技能训练】…………………………… 120

　　任务　紧急情况下的车站广播 …… 120
　【课后习题】…………………………… 122
单元八　综合监控系统 …………… **123**
　【学习导入】…………………………… 123
　【学习目标】…………………………… 123
　【理论知识】…………………………… 124
　　课题一　综合监控系统概述 ……… 124
　　课题二　综合监控系统功能 ……… 126
　　课题三　综合监控系统设置 ……… 128
　　课题四　综合监控系统调度岗位
　　　　　　设置 ……………………… 130
　　课题五　车站综合后备盘（IBP）… 132
　【技能训练】…………………………… 136
　　任务一　车站正常运行设备操作 … 136
　　任务二　车站火灾情况下设备操作 … 137
　【课后习题】…………………………… 139
参考文献 ………………………………… **140**

01

单元一　站台门系统

【学习导入】

站台门（Platform Screen Door）系统是一个集建筑、机械、电子、信号、控制、装饰等学科于一体的综合性门系统，是设置在地铁或轻轨车站站台边缘，把站台区域与列车运行区域相互隔开的设备。列车进出站门系统随着列车车门的开闭而自动同步开闭。设置站台门系统的主要目的是防止人员跌落轨道产生意外事故，为乘客提供一个安全、舒适的候车环境，提高地铁的服务水平。但在日常的运营管理中，站务人员经常面临站台门不能开启、关闭等情况。本单元将详细介绍站台门的结构组成及控制方式，在此基础上以北京地铁站台门的管理为例，介绍站台门常见故障的处理。

【学习目标】

能力目标

1. 能够对站台门进行站台级操作。
2. 能够对站台门进行手动级操作。
3. 能够对站台门故障进行简单处理。
4. 能够对站台门紧急事件进行处理。

知识目标

1. 了解站台门在车站安全方面的作用。
2. 掌握站台门系统结构组成。
3. 掌握站台门三级控制方式。

4. 掌握站台门故障处理步骤。

素质目标

1. 安全操作意识。
2. 紧急乘客事务处理能力。
3. 沟通协调能力。
4. 团队合作能力。

 课题一　站台门系统概述

一、站台门分类

站台站台门从封闭形式上可分为全封闭式和开放式两种类型。全封闭式站台门又称屏蔽门，开放式站台门又分全高和半高两种形式。

1. 全封闭式站台门

一般用于地下车站站台，门体顶箱上部与站厅顶面之间由支撑结构和盖板密封，多用于设有空调系统的站台。全封闭式站台门既可以保证乘客的安全，还可以隔断区间隧道内气流与车站内空调环境之间的冷热气流的交换，所以要求站台门的气密性良好，这样才能使车站与区间的热交换降到最低程度，达到节能的目的，如图1-1所示。

图1-1　全封闭式站台门

2. 开放式站台门

（1）全高式站台门　主要安装于地下车站站台，门体结构超过人体高度，门体顶部距离站厅顶面之间有一段不封闭空间，不具有密封性能的站台站台门总体高度为2050mm，如图1-2所示。

（2）半高式站台门　主要安装于地面或高架车站，门体结构不超过人体高度，不具有密封性能，其总体高度一般为1200~1500mm，实现人车之间的隔离，如图1-3所示。

图 1-2 全高开式站台门

图 1-3 半高开式站台门

二、站台门的功能

站台门将车站站台公共区和轨行区隔离，起到提高候车安全、改善站台环境和节约运营成本的作用：

1）防止乘客因车站客流拥挤或其他原因跌落轨道。
2）避免乘客被列车活塞风吹吸的潜在危险。
3）避免无关工作人员进入隧道。
4）站台区域更加舒适、美观，隔声隔热效果好。
5）节省车站的空调负荷，一定程度上降低能耗。
6）减少站台边缘区域站务人员的数量。

站台门组成

课题二 站台门系统组成

站台门系统由机械和电气两部分构成，机械部分包括门体结构和门机系统，电气部分包括电源和控制系统。

一、站台门门体

站台门门体是车站站台公共区与列车轨行区的隔离屏障，门体结构主要由支撑结构、滑动门、固定门、应急门和端门、门槛、顶箱等组成，如图 1-4 所示。

1. 支撑结构

站台门支撑结构包括底部支撑部件、门梁、立柱、顶部自动伸缩装置，顶部和底部采用绝缘安装。全高站台门的支撑结构仅与站台板固定，底部采用绝缘安装。支撑结构承受全高站台门的垂直荷载、隧道通风系统产生的风压、列车运行活塞风形成的正负方向水平荷载、乘客挤压力和地震、振动等荷载。

2. 门槛

门槛有固定门门槛和滑动门门槛等。固定门门槛承受固定门的垂直荷载，滑动门门槛承受乘客荷载，门槛采用不锈钢材质。门槛结构中有滑动导槽，与滑动门配合，滑动自如。门槛的作用是保护乘客经过时不发生摔倒，同时其与站台板进行绝缘固定，以防止乘客触电。

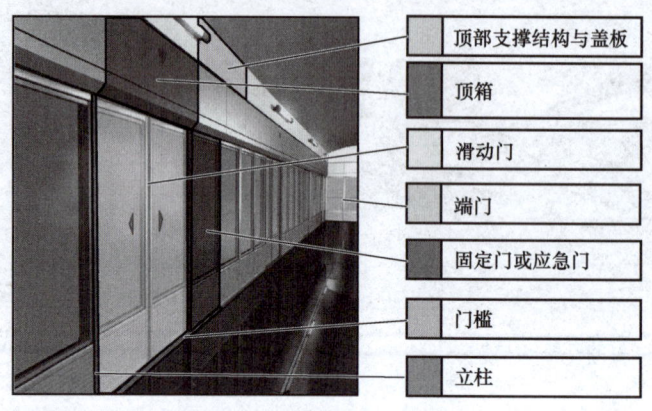

图 1-4 站台门门体结构

3. 顶箱

顶箱内设置有门的驱动机构、锁紧及解锁装置、门控单元、配电端子箱、导轨、滑轮拖板组及顶梁等部件。顶箱对上述部件起密封保护作用,并便于安装调试和维护检修。顶箱的前盖板兼作车站导向指示牌和站台边缘光带反射板。

4. 滑动门(ASD)

滑动门在正常运行时是乘客上下车的通道,也是列车在车站隧道内发生火灾或故障时乘客的疏散通道。滑动门在轨道侧设有开门把手,当系统级控制和站台级控制失败时,乘客可从轨侧用开门把手将门打开;滑动门在站台侧设钥匙孔,站台工作人员可用钥匙进行手动操作。滑动门的数量和开度与列车客室车门的数量及开度相匹配。

门打开时门状态指示灯点亮,关闭或开启过程中门状态指示灯闪烁,门关闭时门状态指示灯熄灭。

滑动门一般设有障碍物探测功能,当滑动门关门受阻时,门操作机构能通过探测器检测到有障碍物的存在并立即释放关门力,停顿 2s 后门全开,然后再次关门,若重复关门三次仍不能关闭,滑动门则全开并进行报警,等待工作人员处理。滑动门轨道侧下部设置斜面防站人斜块,减少乘客在站台门和车门之间缝隙停留的危险。

5. 固定门(FIX)

固定门为不可开启的门体,位于两滑动门之间,在满足门体结构的刚度、强度下,为提高通透效果,采用整体固定门。

6. 应急门(EED)

应急门是紧急情况下列车进站无法对准滑动门时的乘客疏散通道。

应急门上设门锁装置,可用钥匙从站台侧开启,也可在轨侧使用紧急开门手柄将门向站台侧旋转 90°平开。

应急门和滑动门一样,也是安全回路的一部分,即门开时安全回路断开,门关闭后安全回路接通。只有在安全回路接通时,列车才可以被允许离站。

7. 端门(MSD)

端门位于站台的两个端头,垂直于站台边线,设在列车司机门和客室门之间,将乘客区与设备区分隔开。

端门是列车在区间隧道火灾或故障时的乘客疏散通道，也是车站工作人员进出站台公共区的通道。

端门上设门锁装置，其开启方式与应急门相同。

二、站台门门机

站台门门机是滑动门的驱动机构，主要由电机、传动装置、导轨与滑块、锁紧及解锁装置、行程开关和位置检测装置等组成。

三、站台门电源系统

站台门电源系统主要包括驱动电源和控制电源。

驱动电源和控制电源用电为一级负荷。

驱动电源主要由三相隔离变压器、不间断电源（UPS）、馈线回路等构成，以完成馈电及外部电源故障后供电的功能。控制电源主要由不间断电源（UPS）、单相隔离变压器、监控模块（带液晶显示屏）、绝缘监测模块、馈电单元及软件等构成，以完成外部电源停电后供电的功能。控制电源和驱动电源采用相互独立的 UPS。

课题三　站台门控制系统

站台门的控制系统具有控制功能和监测功能，主要是对站台门的开/关门进行控制，保证滑动门的开/关门与列车车门的开/关门动作一致。控制系统主要由中央接口盘（PSC）、就地控制盘（PSL）、门控单元（DCU）、就地控制盒（LCB）、远程状态监视终端（PSA）以及站台门上方的声光报警装置等设备组成。

每侧站台站台门由一套完整的子系统控制，一个完整的控制子系统包括站台门单元控制器（PEDC）、门控单元（DCU）组、就地控制盘（PSL）、远程监视盘（PSA）以及与其他系统的接口。站台门系统中，单个门单元的故障不会影响其他门单元的运动，整侧站台门的故障不会影响其他系统的运行。

一、主要部件

1. 中央接口盘（PSC）

中央接口盘（PSC）是整个站台门控制系统的核心，其位于车站站台门设备室内。站台门设备室内有 PSC 机柜一台，驱动电源柜、蓄电池柜各一台，如图 1-5 所示。中央接口盘内部有两个由继电器组成的 PEDC，分别叫 PEDC1 和 PEDC2，它们接收信号系统或者 PSL 的信号，组成各种逻辑关系，向对应侧的站台门发出开关门信号，同时接收门状态信号，反馈到盘面指示灯上，如图 1-6 所示。此外，中央接口盘内还有一个主监视系统，这是一个带有 I/O 功能和数据存储功能的通信模块，其功能是和两侧站台门的 DCU 通信，读取 DCU 内部的数据，还通过 I/O 口接收 PSC 的信号，把这些信号存储在存储器内，供其他上位监控系统调用。

 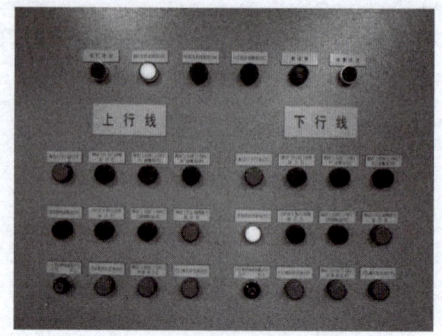

图1-5 中央接口盘　　　　　图1-6 中央接口盘显示面板

在正常情况下，系统处于自动状态，PSC接收信号系统发出的信号，对站台门进行控制，同时反馈门状态信号给信号系统。如果在手动状态下，PSC接收就地控制盘（PSL）发出的信号，对站台门进行控制，同时反馈门状态信号给PSL。当单个滑动门出现故障时，由它们各自顶箱内的LCB控制门的开关。在紧急情况下，站台门还要IBP盘发出的信号，一旦IBP发出信号，PSC优先执行IBP信号。

2. 就地控制盘（PSL）

每侧站台列车前进方向发车端设置一个PSL。PSL安装在非公共区与轨行方向平行的设备房墙壁上，方便司机在驾驶室瞭望，或出离驾驶室进行操作。PSL操作优先级别高于系统级控制，且控制系统单元的损坏不影响PSL进行站台门相关操作。

盘上的操作允许开关，只有钥匙开关处于操作允许时，开门关门按钮才有控制作用。站台门没有关闭且锁紧，列车是不能离站的，如果某个站台门出现故障，在PSL通过钥匙开关，人为发出互锁解除信号，取代站台门的关闭且锁紧信号，让列车能够离站。测试按钮，主要是用来检查盘面上的指示灯是否有故障，当按下测试按钮时，指示灯会点亮。

3. 综合后备盘（IBP）

综控室的综合后备盘（IBP）上安装站台门操作开关。IBP盘的控制模式是以每侧站台门为独立的控制对象。在车站紧急情况下（如火灾），在车站控制室操作IBP盘上的开门按钮，打开滑动门，滑动门完全打开后，PSC面板、PSL盘、IBP盘上的开门指示灯亮。IBP盘控制盘面如图1-7所示。

在IBP盘上设置有开门状态指示灯、关门状态指示灯、自动/手动转换开关、无效/有效转换开关。当无效/有效转换开关处于无效位时，转动自动/手动转换开关至手动开启位置无效；若此时将上行方向的无效/有效转换开关转到有效位，转动自动/手动转换开关至手动开启位置，则上行站台门整列打开，若不继续发出单侧站台门应急开门命令，则将自动/手动转换开关转到自动位。

4. 门控单元（DCU）

DCU是站台门电机的控制装置，每个滑动门单元都配置一个DCU，如图1-8所示，控制两门扇的动作，并采集站台门的各种状态、故障信息发送至PSC。站台门的DCU安装在顶箱内，由CPU、存贮单元、接口单元、电机的驱动电路及相关软件等组成。DCU执行系统级和站台级设备发来的控制命令。个别门DCU故障时，不影响同侧其他站台门的正常工作。

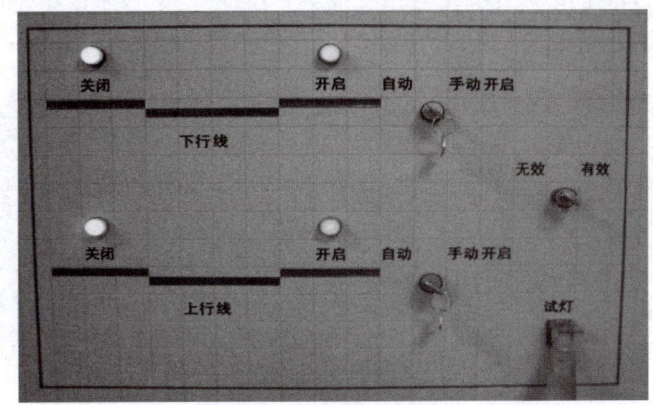

图 1-7 IBP 盘控制盘面

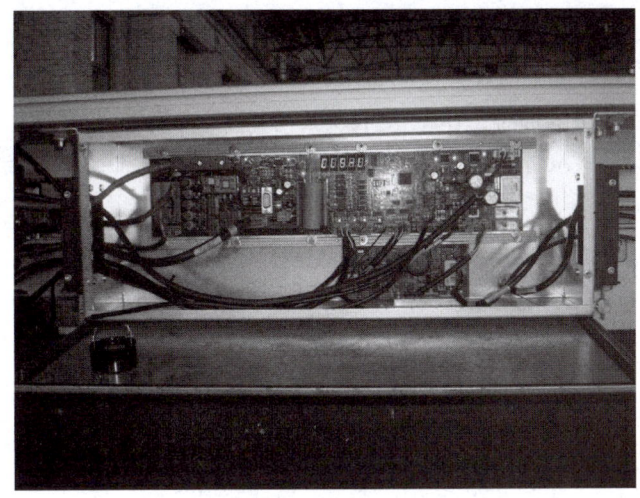

图 1-8 门控单元 DCU

5. 就地控制盒（LCB）

每个滑动门上方顶箱内均配有一个 LCB，便于工作人员（站务及维修人员）对单扇滑动门就地操作。就地控制盒（LCB）一般设"自动、关门、开门、隔离"四位钥匙如图 1-9 所示，钥匙从"关门"位顺时针旋转为"开门"位，再顺时针旋转为"隔离"位；从"隔离"位再顺时针旋转为"自动"位；钥匙只有在自动位时可取出。

三位钥匙"自动、手动、隔离"，如图 1-10 所示。当转换开关处于"手动"位置时，维修人员可操作站台门顶箱内的开关门按钮，如图 1-11 所示，进行手动操作。当转换开关处于"自动"位置时，允许门控单元接收中央控制盘的"开门命令"与"关门命令"。当转换开关处

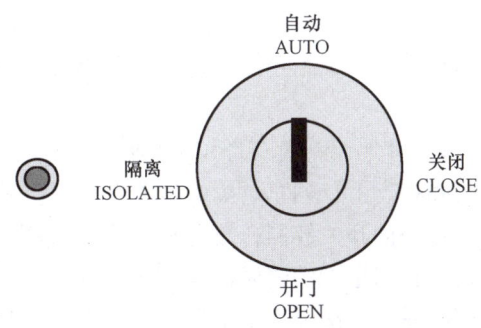

图 1-9 四位钥匙 LCB

于"隔离"位置时，单个滑动门单元与系统隔离，隔断本单元的电力供应，不影响整个系统的正常工作，便于维修。

图 1-10 三位钥匙 LCB

图 1-11 LCB 开关按钮

当钥匙开关处于自动位置时，DCU 接收 PSC 盘的控制信号，LCB 上的开关按钮不起作用，当钥匙开关处于隔离位置时，这个门的 DCU 不接受任何控制命令，当处于手动位置时，DCU 不接受 PSC 的命令，只接受 LCB 上的开关门按钮的命令。

二、主要功能

1. 控制功能

控制系统具有系统级控制、站台级控制、就地级控制共三级五种控制方式，五种控制方式如下：信号系统通过 PSC 控制站台门、就地控制盘（PSL）控制、IBP 盘控制、就地控制盒（LCB）控制、手动解锁。

其中，通过就地控制盘和 IBP 盘的控制方式为站台级控制，通过就地控制盒（LCB）控制和手动解锁的控制方式为就地级控制。三级控制中，以就地级控制优先级最高，系统级控制优先级最低。

1）信号系统控制：当信号系统通信正常，列车到站停车位置达到精度要求，信号系统发出开门命令给站台门中央控制盘（PSC），再由 PSC 将开门命令集中发送给每道滑动门的门控单元（DCU），完成开门动作。反之，列车要离站时，信号系统发出关门命令给 PSC，再由 PSC 将关门命令集中发送给每道滑动门的门控单元（DCU），完成关门动作。当所有滑动门都关闭后，站台门系统将"所有 ASD/EED 关闭且锁紧"信号反馈给信号系统，允许列车离站。

2）就地控制盘（PSL）控制：当信号系统故障、信号系统与中央控制盘开/关门指令界面故障状态下，列车司机或站务人员可在就地控制盘上将 PSL 开/关门钥匙开关转到相应位置进行门的开关控制；当滑动门全部关闭后，所有"关闭锁紧"信号丢失或信号系统无法确认站台门是否锁闭而不能发车时，站务人员在就地控制盘上对"互锁解除"开关进行互锁解除操作，保证列车正常发车。当通过 PSL 操作 PSD 系统时（互锁解除除外），来自于信号系统的开、关门命令都将被忽略。

3）IBP 控制：在车站紧急情况下（如火灾），在综控室操作 IBP 上的钥匙开关打到开门位。紧急级控制是由车控室的值班人员，经授权后在紧急控制盘上对 PSD 进行紧急开门或关门的控制。本命令属于紧急状态下的紧急开门命令，优先级高于 PSL 控制和系统级控制。当通过 IBP 操作 PSD 系统时，来自于信号系统与 PSL 的开、关门命令都将被忽略。

4）就地控制盒（LCB）控制：每个门单元中无论发生网络通信故障、电源故障、DCU 故障、门机故障以及其他故障，均可通过就地控制盒（LCB）使单元隔离，切断电源，从而不影响整个系统的正常工作。此时被操作的 ASD 隔离于其他任何控制系统（来自信号系统、PSL、IBP 的开、关门命令均被忽略）。

5）手动解锁：手动操作是站台工作人员或乘客对站台门进行的操作。当系统电源或个别站台门操作机构发生故障时，站台工作人员可在站台侧用钥匙开/关站台门，或者乘客可在轨道侧操作站台门开门把手打开站台门。这一机械操作开门过程的优先级高于所有电气控制方式。

2. 监视功能

监视功能能将站台门单元中所有设备的状态信息均通过现场总线传达到每个站台门控制子系统的 PSC 上。PSC 将站台门的所有状态及故障信息通过与 BAS 的接口传送到车站 BAS 进行状态显示、故障报警、数据记录和查询，并可根据运营需要进行月、季报表的生成，运营故障记录等。BAS 对站台门只监不控。站台门运行的关键状态及故障信息由 BAS 发送到全线控制中心 BAS 服务器，并上传到综合故障报警中心。同时利用远程监视设备（PSA）就可从 PSC 上查询到所监视设备的当前状态。

课题四 站台门运营管理

一、运营开始前检查工作

1. 门体检查

对每扇站台门进行目测检查，检查玻璃是否有碎裂，滑动门、应急门、端门是否关闭并锁紧，滑动门旁是否堆放物品，检查地槛缝隙是否有杂物。

2. 检查操作就地控制盘（PSL）

操作 PSL 开启、关闭站台门至少三次。

1）按压指示灯测试按钮，所有指示灯应全亮。

2）所有滑动门、应急门和端门都关闭情况下，关闭锁紧指示灯应该常亮。

3）操作互锁解除钥匙开关，互锁解除指示灯应该亮起。

4）用 PSL 进行开门和关门操作。

开门操作：将钥匙转到门打开位置，操作面板开门指示灯亮起，当滑动门全部打开后，开门指示灯熄灭，所有的门头指示灯应该保持常亮。

关门操作：将钥匙转到门关闭位置，操作面板关门指示灯亮起，当滑动门全部关闭且锁紧后，关门指示灯熄灭，所有的门头指示灯应该熄灭，而操作面板上的关闭锁紧指示灯应该亮起。

3. 综控员操作

1）在综控室检查站台门远程监视工作站状态是否正常。

2）IBP 上站台门钥匙应打到"禁止"位（运营期间保持此位置，严禁拔下钥匙），上、下行站台门全开、全关指示灯应显示正常。

3）站台门钥匙交站务员签收。

二、站台门管理注意事项

单组活动门无法关闭

1）值班员在综控室通过 BAS 监控工作站和 PSA 监视站台门的运行情况。列车到站时要及时广播，提醒乘客注意上下车安全。如发现异常，通知站台岗，迅速排除故障。

2）当列车门与站台门关闭后，发现之间夹有物体或人时：及时赶到夹有物体或人的站台门处将物体或人拉出站台门，并迅速手动关闭站台门。

3）站台门系统故障时，列车需要紧急发车，接到行车调度命令后，在 PSL 上使用互锁解除开关，操作时用力要均匀，待列车开出该车站且看不到列车时，方可松开。

4）车站人员（因各种门故障原因）如需使站台门处于常开或常闭状态，必须将该扇站台门 LCB 模式开关打手动位，并加强监控和防护，以免影响安全行车。

5）运营期间严禁任何人员在正常运营列车进出站时打开端门或应急门。

6）在清洁站台门门体、地槛和导槽时，不得使底座绝缘套受到潮湿，导致站台门绝缘失效。

7）在站台边缘装卸重物时，勿使站台门门槛承受 225kg 的荷载，使站台门门槛变形。

三、站台门钥匙管理

1）车站站务人员负责站台门钥匙的保管。专用钥匙严禁给除专业的设备操作、管理和维修人员之外的其他人员借出和使用。

2）专用钥匙使用人员应严格遵守相关管理规定，妥善保管钥匙。在持有专用钥匙期间，严禁私自借给他人使用，严禁私自复制、修理和改造。在使用完毕后，应按时归还给指定的专用钥匙保管人员。

一、实训目的

通过巡查任务，能够知道站台门控制设备各指示状态含义，了解站台门正常使用状态。

二、实训准备

携带好站台门就地控制盒（LCB）钥匙、PSL 钥匙、解锁钥匙、《站台门巡查记录表》。

三、实训内容

1. 综控室登记
综控室登记,取得值班站长同意后进入站台门设备用房和端门。

2. 站台门设备用房检查
1)卫生检查。
2)站台门设备用房内 PSC 等设备无异常噪声。
3)在站台门开/关的过程中,观察中央接口盘各指示灯是否正常。
① 检查"滑动门手动/隔离模式"指示灯是否正常。
② 检查"所有滑动门/应急门、司机门关闭且锁紧"指示灯是否正常。
③ 检查"滑动门/应急门/司机门开门报警"指示灯显示是否正常。
④ 检查"滑动门/应急门/司机门关门报警"指示灯显示是否正常。
⑤ 检查"电源故障"指示灯显示是否正常。
⑥ 检查"监视系统故障"指示灯显示是否正常。
⑦ 检查"监控系统故障"指示灯显示是否正常。
⑧ 检查"滑动门开门"指示灯显示是否正常。
⑨ 检查"滑动门/应急门/司机门互锁解除报警"指示灯显示是否正常。
⑩ 检查"滑动门/关门故障"指示灯显示是否正常。
⑪ 检查"现场总线故障"指示灯显示是否正常。
⑫ 检查"试灯按钮"操作是否正常。
⑬ 检查"IBP 命令执行故障"指示灯显示是否正常。
⑭ 检查"全部滑动门/应急门/司机门锁闭"指示灯显示是否正常。
⑮ 检查"PSD 测试转换"钥匙开关在"打开"位。
⑯ 检查中央接口盘的蜂鸣器外观完好,功能是否正常。
⑰ 检查中央接口盘的复位按钮外观完好,功能是否正常。

3. 站台门门体检查
1)检查端门的开/关功能正常,门状态指示灯显示是否正常。
2)检查站台门系统所有门体完好,玻璃有无划伤。检查整列滑动门的运行状态,门状态指示灯能否正常指示门扇工作状态,蜂鸣器是否能正常工作。
3)检查滑动门地槛,导槽、门柱与滑动门门扇间是否有障碍物。顶箱盖是否完全关闭。

4. PSL 检查
1)PSL 各指示灯显示是否正常,试灯按钮功能正常。
2)检查 PSL 钥匙开关灵活可靠。测试 PSL 开/关门、互锁解除功能是否正常。

5. 其他检查
1)检查站台门灯带是否正常。
2)检查所有的防夹挡板和防踏空胶条是否正常。

6. 填写站台门巡查记录表
站台门巡查记录表,见表 1-1。

表 1-1 站台门巡查记录表

工单编号：   车站名称：

检 查 项 目	检 查 内 容 与 要 求	检 查 结 果	备 注
PSC	有无异响；在站台门开/关的过程中，观察中央接口盘各指示灯是否正常	□合格 □不合格	
应急门及端门	检查应急门闭锁功能良好，接触可靠，应急门旁路开关功能良好	□合格 □不合格	
	在轨道侧检查手推杆可以开启应急门、端门；在站台侧可以用钥匙开启应急门、端门	□合格 □不合格	
就地控制盘（PSL）	各指示灯显示正常，试灯按钮功能正常	□合格 □不合格	
	检查 PSL 钥匙开关灵活可靠。测试 PSL 开/关门、互锁解除功能正常	□合格 □不合格	
其他项	站台门门体完整，无划痕；滑动门地槛、导槽、门柱与滑动门门扇间是否有障碍物。顶箱盖完全关闭	□合格 □不合格	
	站台门灯带正常；所有的防夹挡板和防踏空胶条正常	□合格 □不合格	

巡查人：   巡查日期：

四、实训考核

考 核 内 容	考 核 标 准	得 分
准备工作	钥匙携带正确、无遗漏（10 分）	
巡查过程	综控室登记（10 分）	
	PSC 检查（20 分）	
	站台门门体检查（20 分）	
	PSL 检查（20 分）	
	其他检查（10 分）	
站台门巡查记录表填写	填写规范，内容真实、完整（10 分）	
	合计	

注：各项检查内容完整、操作规范。检查过程中，不能随意拆除站台门相关部件。每一步骤巡查内容需完整，缺失一项扣 5 分。

任务二 站台门操作

一、实操目的

通过实训，掌握滑动门、应急门及端门的手动操作，掌握 PSL、LCB 的使用方法。

二、实训准备

就地控制盒（LCB）钥匙、就地控制盘（PSL）钥匙、解锁钥匙。

三、实训内容

1. 手动操作解锁滑动门

若某道滑动门在关闭锁紧的状态下发生故障，使该滑动门不能执行信号系统的开门命令或PSL、IBP、LCB的开门命令，可使用专用钥匙将滑动门打开。

1）将钥匙插入滑动门锁眼内，逆时针旋转30°，透过门玻璃可看到门内方把手同步转动，直到不能转动为止，此时门已解锁到位，如图1-12所示。

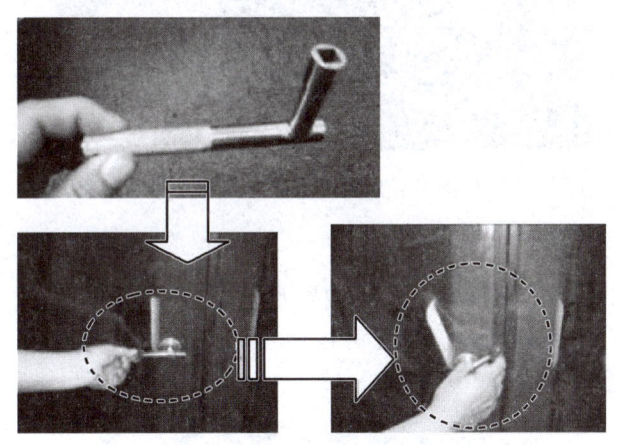

图1-12 滑动门钥匙解锁

通过PSL控制盘手动操作整列滑动门

站务人员手动关闭单个屏蔽门

2）握住钥匙柄继续拉动滑动门门扇，露出一定缝隙。

3）取下钥匙收好。

4）双手握住左右玻璃门扇，向左右分别推开玻璃门扇到全开位，门状态指示灯点亮。

2. 手动操作应急门

1）将钥匙插入应急门锁眼内，左/右扇门钥匙逆时针/顺时针旋转90°，直到不能转动为止，此时门已解锁到位。

2）握住钥匙柄，略向上方带动应急门，向外拉开至90°开门状态，使其一扇门打开，再伸手从轨道内侧推动另一扇应急门的横向应急推杆，将其向外拉开至90°。

3）应急门相邻的滑动门上方门状态指示灯点亮。

3. 操作就地控制盘（PSL）

（1）互锁解除　由于信号系统没有收到站台门系统的"所有门关闭且锁紧"信号，导致列车无法自动驶入车站或驶离车站。通过PSL进行"互锁解除"操作。

1）将钥匙插入"互锁解除"锁孔内，顺时针旋转至解除位，互锁解除报警灯亮，如图1-13所示。

2）人工保持2~8s后放开，自动复位。

（2）打开/关闭站台门　信号系统故障时，需要通过PSL手动打开、关闭上（下）行站

站务人员进行互锁解除操作

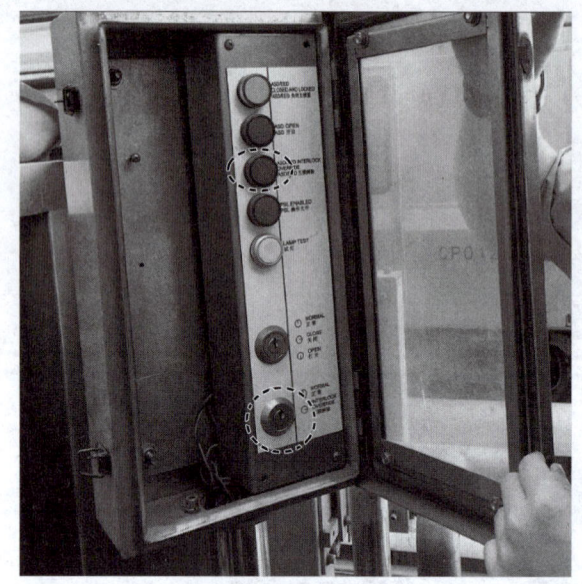

图1-13 "正常/互锁解除"锁孔与"互锁解除"指示灯

台整列滑动门。

1) 将钥匙插入"正常/关闭/打开"三位置开关锁内。

2) 转动"正常/关闭/打开"三位置钥匙开关到"开门"位后,"关闭且锁紧"灯灭,站台整列滑动门将打开,如图1-14所示。

图1-14 "正常/关闭/打开"锁孔与"开启"指示灯

3) 开门过程中,"开启"灯闪烁,滑动门全打开后,"开启"灯将常亮。

4) 转动"正常/关闭/打开"三位置钥匙开关到"关门"位后,关门过程中"开启"灯闪烁,所以滑动门关闭且锁紧后,"开启"灯熄灭,"关闭且锁紧"灯常亮。

5）门完全关闭后，转动"正常/关闭/打开"三位置钥匙开关到"正常"位后取走钥匙。

6）按下测试灯，检查灯亮情况，全亮为正常。

4. 操作就地控制盒（LCB）

以三位钥匙 LCB 为例，当某个滑动门在自动模式下不能执行开门或关门命令时：

1）用站台门方孔钥匙打开滑动门上方的顶盖并支撑牢固。

2）用专用钥匙将 LCB 由自动位转动到手动位，如图 1-15 所示。

3）操作该滑动门上方 LCB 的开门（红）、关门（绿）按钮使滑动门开启或关闭，如图 1-16 所示。

图 1-15　LCB 三位钥匙孔　　　　　　图 1-16　LCB 开关

4）滑动门开启或关闭时，门状态指示灯亮或灭。

四、实训考核

考核内容	考核标准	得　分
手动操作解锁滑动门	钥匙选用正确（10 分）	
	操作规范（15 分）	
手动操作解锁应急门	钥匙选用正确（10 分）	
	操作规范（15 分）	
PSL 操作	互锁解除操作正确（15 分）	
	开关门操作正确（10 分）	
LCB 操作	钥匙选用正确（10 分）	
	操作规范（15 分）	
合计		

注：使用钥匙进行门体开启和关闭操作，最后钥匙一定要复位。每一步骤操作规范，缺失一项扣 5 分。

 任务三 站台门故障处理

一、实操目的

通过演练，掌握单对、多对（≥3 对）或整列滑动门出现故障（不能开启或关闭）后，站务人员现场处理流程。

二、实训准备

携带手台、就地控制盒（LCB）钥匙、就地控制盘（PSL）钥匙。

三、实训内容

1. 单对滑动门不能正常关闭处理流程

单对滑动门不能正常关闭时，站台岗处理流程：

1）接到值班站长通知后，立即携带专用钥匙前往故障门位置，并将手台调至"正线组"与行车调度员联系。

2）乘客乘降完毕后，对故障滑动门的 LCB 进行操作（将 LCB 钥匙由"自动"转至"手动关门"）。

3）向行车调度员汇报故障处理情况。

4）若滑动门未关闭，列车驶离后与行车调度员联系并得到授权，利用列车间隔处置故障：

① 确认站台门引导轨处有无障碍物，若有异物，尝试取出。

② 若滑动门可以关闭，将 LCB 钥匙由"手动关门"转至"自动"，留守观察后序两列列车。

③ 若滑动门无法关闭，则徒手将滑动门关闭，张贴"此门停用"通告，留守等候维修人员。

5）向行车调度员和值班站长汇报现场情况。

2. 单对滑动门不能正常开启处理流程

单对滑动门不能正常开启时，站台岗处理流程：

1）接到值班站长通知后，立即携带专用钥匙前往故障门位置，并将手台调至"正线组"与行车调度员联系。

2）对故障滑动门的 LCB 进行操作（将 LCB 钥匙由"自动"转至"手动开门"）。

① 若"手动开门"能够开启滑动门，则通知行车调度员故障滑动门已"手动"，留守故障滑动门并向值班站长汇报。

② 若"手动开门"无法开启滑动门，则将 LCB 钥匙由"手动开门"转向"隔离"，用三角钥匙解锁打开滑动门，通知行车调度员故障滑动门已"隔离"，留守故障滑动门并向值班站长汇报。

3）乘客乘降完毕，将 LCB 钥匙置于"手动关门"，向行车调度员汇报故障处理情况。

4）若滑动门未关闭，列车驶离后与行车调度员联系并得到授权，可利用列车间隔处置故障：

① 确认站台门引导轨处有无障碍物，若有异物，尝试取出。

② 若滑动门可以关闭，将 LCB 钥匙由"手动关门"转至"自动"，留守观察后序两列列车。

③ 若滑动门无法关闭，则徒手将滑动门关闭，张贴"此门停用"通告，留守等候维修人员。

3. 多对（≥3 对）或整列滑动门不能正常关闭处理流程

多对（≥3 对）或整列滑动门不能正常关闭时，站台岗处理流程：

1）接到值班站长通知后，立即携带专用钥匙前往相应 PSL 位置，并将手台调至"正线组"与行车调度员联系。

2）对 PSL 进行操作，将 PSL 钥匙由"正常"转至"关门"。

3）若滑动门可以关闭，将 PSL 钥匙由"关门"转至"正常"。

4）若滑动门无法关闭，将 PSL 互锁解除钥匙由"复位"转至"解锁"，直至列车完全出清站台后方可松开。

5）后续列车进站时依据行车调度员指示，操作互锁解除钥匙由"复位"转至"解锁"，直至列车在站台停稳后方可松开。

6）留守等候维修人员。

4. 多对（≥3 对）或整列滑动门不能正常开启处理流程

多对（≥3 对）或整列滑动门不能正常开启时，站台岗处理流程：

1）接到值班站长通知后，立即携带专用钥匙前往相应 PSL 位置，并将手台调至"正线组"与行车调度员联系。

2）对 PSL 进行操作，将 PSL 钥匙由"正常"转至"开门"。

3）若滑动门可以开启，待乘客乘降完毕后，则将 PSL 钥匙由"开门"转至"正常"。

4）若滑动门无法开启，则向值班站长汇报，尝试利用 IBP 开启滑动门。

5）若仍无法开启滑动门，则手动开启全列滑动门（用专用钥匙将滑动门 LCB 打至"隔离"手动开门）。

6）待乘客乘降完毕后，将互锁解除钥匙由"复位"转至"解锁"，直至列车完全出清站台后方可松开。

7）后续列车进站前依据行车调度员指示，操作互锁解除钥匙由"复位"转至"解锁"，直至列车在站台停稳后方可松开。

8）留守等候维修人员。

四、实训考核

根据实训环境进行站台门故障情景设置，学生 5~6 人一组，分行调、值班站长、站务员、司机、乘客等角色先完成排练脚本，再结合实训设备完成车门故障处理模拟演练。

考核内容	考核标准	得　分
演练方案	方案设计完整、流程正确（15分）	
演练准备	角色分配合理（10分）	
	工具选用正确（10分）	
演练过程	各岗位工作人员按章操作（20分）	
	信息沟通完整（15分）	
	语言表达流畅（15分）	
	成员配合默契（15分）	
合计		

【小案例】——精益求精、严谨规范

站台门在乘客候车的时候起到非常重要的安全防护作用。当列车停靠在站台边缘，只有当站台门和列车客室门都关闭且锁紧的时候，列车才能正常发车。当列车到站后，需要列车客室门对准站台门才能实现两扇门同步开启，保证乘客安全顺畅地上下车。站台门处发生的事故多为乘客在上下车的过程中不遵守秩序——抢上抢下，造成夹人夹物的严重后果。每天，站务人员需要在站台上数百次地关注、提醒乘客安全上下车，数百次地观察站台门的运行状态。列车司机需要每一站都精准对标停车，每一站关注站台门和客室门之前的安全状况。

【课后习题】

一、选择题

1. 站务员可通过（　　）来操作完成站台一侧整列站台门的开启和关闭。
   A. IBP　　　　　B. PSL　　　　　C. PSC　　　　　D. LCB
2. 滑动门的LCB有三个档位，在以下哪个档位中可以将钥匙取出（　　）。
   A. 隔离　　　　B. 自动　　　　C. 手动　　　　D. 遥控
3. 在车站紧急情况下（如火灾），可操作（　　）上的开门按钮，打开滑动门。
   A. IBP　　　　　B. PSL　　　　　C. PSC　　　　　D. LCB

二、判断题

1. 个别门DCU故障时，会影响同侧其他站台门的正常工作。（　　）
2. 全高站台门所有的门上方盖板上均有门状态指示灯，当开门或关门时指示灯会有不同状态的显示。（　　）
3. 应急门和滑动门一样，也是安全回路的一部分，若其处于开启状态，也会影响列车的接发车。（　　）

三、简答题

1. 简述站台门的五种控制方式。
2. 互锁解除的概念是什么？什么情况下要操作互锁解除？

02

单元二　电扶梯系统

【学习导入】

电扶梯系统作为城市轨道交通系统车站内疏散乘客的重要工具,是城市轨道交通系统的一个重要组成部分,主要担负的任务是运送大量乘客,将地面上需要乘坐城市轨道交通列车的乘客安全、迅速、舒适地运送到站台上或站厅上,对客流的及时疏散起到了至关重要的作用。所以,为了保证车站的正常运行,城市轨道交通系统车站内应配备足够数量的电扶梯设备,常用的电扶梯设备主要有垂直电梯、自动扶梯、楼梯升降机及自动步道。

电扶梯系统配置的基本原则如下:站台至站厅间根据车站远期客流量设置上、下行自动扶梯;出入口与过街隧道处根据客流量设置上、下行自动扶梯或只设置上行自动扶梯;车站内原则上应设置垂直电梯和楼梯升降机,以满足残疾人等特殊人员的需要,为他们提供出入城市轨道交通系统的一条无障碍通道;在较长的换乘通道处应加设自动步道,以解决换乘距离长而给乘客带来的不便;当上、下层提升高度达到 6m 以上时,应设置上、下行自动扶梯,以保证客流的及时疏散,并能提高服务质量。

【学习目标】

能力目标
1. 能够对电扶梯系统进行操作。
2. 能够对电扶梯系统故障进行简单处理。

知识目标
1. 掌握液压电梯的种类、构成、特点、工作原理以及应用。

2. 掌握无机房电梯的特点、组成、布置方案、操作注意事项、安全要求、技术特点以及结构特点。

3. 掌握自动扶梯的功能、特点、种类、构造、设备配置原则、工作原理、主要技术参数以及运行管理。

4. 掌握楼梯升降机的组成、主要技术参数以及运行轨迹类型。

素质目标

1. 安全操作电扶梯系统的意识。
2. 电扶梯系统出现故障时的应急处理能力。
3. 认识设备的能力。
4. 团队合作能力。

 课题一 垂直电梯

垂直电梯设置在车站出入口、站台层和站厅层，一般是提供给有需要的乘客使用，如残疾人士、携带有大件行李的乘客及其他有特殊需要的乘客。垂直电梯是以电动机为动力源的垂直升降机，设有一个轿厢，运行在至少两列垂直的或倾斜角小于15°的刚性导轨之间，是用于高层或多层建筑物内的固定式升降运输设备。它的轿厢沿着垂直方向运行于各楼层之间，轿厢的尺寸和结构形式的设置方便了乘客出入或装卸货物，是车站内输送乘客的重要交通工具。垂直电梯属于特种设备，直接对象是乘客，设备的安全可靠性尤为重要。因此，垂直电梯的设备选型要以安全可靠性及成熟性为依据。

垂直电梯主要有车站内的液压电梯和无机房电梯两种。

一、液压电梯

液压电梯是较早出现的一种驱动方式。早期的液压电梯的传动介质是水，利用公用水管极高的水压推动缸体内的柱塞顶升轿厢，下降靠泄流。但由于水压波动及生锈问题难以解决，以后就用油为媒介驱动柱塞做直线运动。液压电梯是通过液压动力源，把油压入液压缸使柱塞做直线运动，直接或通过钢丝绳间接地使轿厢运动的电梯。由于液压电梯对于大的提升力可以提供较高的机械效率而能耗较低，因此对于短行程，重荷载的场合，使用优点尤为明显。另外液压电梯不必在楼顶设置机房，因此减小了井道竖向尺寸，有效地利用了建筑物空间，所以液压电梯应用前景较为宽广。目前液压电梯广泛用于停车场、工厂及低层建筑中。对于负载大，速度慢及行程短的场合，选用液压电梯比曳引电梯更经济，也更适宜。

液压电梯主要靠液压进行传动，采用柱塞侧置方式，其柱塞设置在轿厢侧面，借助曳引绳通过滑轮组与轿厢连接，利用电动泵驱动液体流动，由柱塞使液体升降。液压电梯的传动过程通过电控和液压集成技术可靠、准确地实现。液压电梯如图2-1所示。

图 2-1 液压电梯

1. 液压电梯的种类

液压电梯按照顶升的方式可分为直接顶升电梯和间接顶升电梯两种。

（1）直接顶升电梯　直接顶升电梯的柱塞直接与轿厢结构相连，柱塞的运动速度和轿厢的运动速度相同，柱塞与轿厢的连接可以在轿厢底部中间，也可以在侧面。

（2）间接顶升电梯　间接顶升电梯的柱塞通过滑轮和钢丝绳拖动轿厢，可以利用液压顶升力大的优势，提高电梯运行速度，减小液压缸长度。

2. 液压电梯的构成

1）载客（货）装置：轿厢。

2）提升装置：液压缸、滑轮组及钢丝绳。

3）导向装置：由导轨、导轨架和导靴等组成。

4）控制系统。

5）传动系统。传动系统的组成主要包括液压泵站、阀组、管路和油温过热保护。

液压泵站主要由螺旋泵、电液比例阀、潜油电机及液压油冷却装置组成。由于油的吸声及油箱铁板的隔声作用，所以机房噪声可控制在 75dB 以下。

阀组属于液压系统的控制组件，对电梯的启动、运行、停止、减速及各种突发事件起着控制作用，包括单向阀、安全阀、节流阀、溢流阀、截流阀、手动泵和手动下降阀。其中，单向阀是一种只允许液压电梯内的液体沿着一个方向流动并反向截止的阀门，它的作用是当液压下降到最低工作压力时，使载有额定负荷的电梯在任何一个位置施加制停并保持静止状态。安全阀的作用是当系统压力超过最高额定工作压力时，使系统泄荷以防止系统被破坏。对安全阀具有以下要求：当液压系统出现较大泄漏，且轿厢速度达到额定速度加 0.3m/s 时，能将轿厢制停并保持在静止状态。节流阀是一种能限制液体流量并防止轿厢超速的阀门。溢流阀安装在单向阀和泵站间的管路上，是一种能维持额定工作压力的阀门，其作用是防止电梯上行运动时系统压力过高，当液压超过一定值时使油回流到液压缸内。截流阀是一种可使油路断路的阀门。手动泵安装在单向阀和截流阀之间的管路上，作用是使轿厢缓慢上升。手动下降阀是当电源出现故障时放油，将电梯下降到最近一层，以使乘客安全出梯。

管路既可以采用刚性的也可以采用柔性的，是液压系统必不可少的附件。

油温过热保护是为了控制油温而装设的一套检温和控温的装置，当液体温度超过预定值时，此套装置可使泵站制动直至温度恢复正常为止。

3. 液压电梯的特点

液压电梯在车站、商场、办公楼、机场等公共场合广泛使用，与其他垂直运输工具相比，具有以下特点。

（1）建筑方面——机房设置灵活　液压传动系统是依靠油管来传递动力的，因此机房位置可设置在离井道 20m 范围内，不需要使用传统方式将机房设在井道上部，且机房占有面积仅有 $4\sim5m^2$。井道结构强度要求低。由于液压电梯轿厢自重及荷载等垂直负荷都是通过液压缸全部作用在井道地基上，因此对井道顶部的建筑性能要求低。

（2）技术性能方面——安全性好、可靠性高、易于维修　由于液压电梯是靠液压千斤顶的原理来顶升轿厢的，可采用多个液压缸同时提升超大载重的轿厢，因此，载重能力大。由于液压系统可远离井道设置，隔离了噪声源，因此，运行过程中噪声比较低。

液压电梯除设有普通曳引式电梯的安全装置外，还设有以下装置。

1）手动泵：当系统出现故障时，可以操作手动泵打出高压油，然后使轿厢上升到最近的层楼位置。

2）应急手动阀：当电源出现故障时，可以操作应急手动阀使轿厢下降到最近的层楼位置，然后自动开启轿厢门，使乘客安全离开轿厢。

3）溢流阀：防止电梯上行运动时压力过高。

4）管路破裂阀：当液压系统管路破裂后导致轿厢失速下降时，可以自动切断油路。

5）油箱油温保护装置：当油箱中的油温超过某一值时，油温保护装置发出信号，电梯进入暂停使用状态，当油温下降到正常值时方可启动电梯。

（3）使用维修方面——故障率低、救援方便、节能性好　由于采用了先进的液压系统，并且有良好的电液控制方式，故电梯运行故障率可降至最低。液压电梯下行时，靠自重产生的压力驱动，停电或故障时只需打开应急下降阀即可实现紧急救援。液压电梯下行时，靠自身产生的压力驱动，能节省能源。

（4）井道利用率高　一般情况下，液压电梯不设置对重装置，所以可以提高井道面积利用率。

（5）井道结构强度低　因为液压电梯轿厢自重及载重等负荷都是通过液压缸全部作用在井道底坑地基上，所以对井道地墙及顶部的建筑性能要求较低。

（6）运行平稳、乘坐舒适　液压系统传递动力均匀平稳，比例阀能实现无级调速，电梯运行速度曲线变化平缓，所以舒适度优于曳引调速梯。

（7）载重量大、防爆性能好　液压系统的功率重量比大，因此同样规格的电梯，载重量相对较大。液压电梯采用低凝阻燃液压油，油箱整体密封，电机、油泵浸没在液压油中，因此能有效防止可燃气体、液体燃烧。

4. 液压电梯的工作原理

液压电梯是利用液压传动的原理，通过改变液压泵向液压缸输出的油量控制电梯的运行速度。

1）电梯在上行的过程中，由液压泵站提供电梯上行所需的动力压差，由液压泵站的阀组控制液压油的流量，液压油推动液压缸柱塞来提升轿厢，从而实现电梯的上行运动。

2）电梯在下行的过程中，打开阀组，利用轿厢自重造成的压差，使液压油回流到液压油箱中，从而实现电梯的下行运动（由阀组控制速度）。

5. 液压电梯的应用

1）宾馆、办公楼、图书馆、医院、实验室、中低层住宅。

2）车库、停车场的汽车电梯。

3）需增设电梯的旧房改造工程，由于旧房的改建受原土建结构限制，配用液压电梯是最佳选择。

4）古典建筑。古典建筑增设电梯不能破坏其外貌及内在风格，因此采用液压电梯也是较好的方案。

5）商场、餐厅、豪华建筑，上述建筑一般选用观光梯，而观光电梯很多采用液压直顶式驱动。

6）跳水台、石油钻井台、船舶等装置上，由于这些装置一般不能设置顶层机房且载重量大，因此液压电梯优势也较为明显。

二、无机房电梯

1. 发展历史

传统的电梯都是有机房的，将主机、控制屏等部件设置在机房内。随着技术的进步，曳引机和电器元件的小型化，以及螺杆式电梯的兴起，人们对电梯机房越来越不感兴趣。

无机房电梯首先由意大利制造，当时的无机房电梯的发明，主要是针对古建筑，不破坏原来外观而在内部增加的一种电梯。

在无机房电梯的发展历史中，一共有四代，第一代为下置式，蜗轮蜗杆曳引机，井道面积大；第二代是将电梯曳引机合理安排后，增加导向轮，而使曳引机安装在电梯井道中间；第三代是由 KONE 发明的，采用碟式电动机的永磁同步曳引机，使无机房电梯有了根本性的发展，但是由于电梯曳引机放在导轨上，使电梯噪声与振动很大；第四代是最先进的无机房电梯，由 WALESS 发明，并弥补了前三代的缺陷，使无机房电梯提升高度与载重量获得大幅度提高，安全性能与控制技术也有很大提高。

在中国，无机房电梯由于不占用机房空间、绿色环保、节能等优点而被越来越多的人采用，发展很快。

日本、欧洲有 70%~80% 新安装的电梯为无机房电梯，只有 20%~30% 的电梯为有机房或液压电梯。

2. 释义

无机房电梯是相对于有机房电梯而言的，也就是说，省去了机房，将原机房内的控制屏、曳引机、限速器等移往井道等处，或用其他技术取代。

无机房电梯是指在不设机房的前提下，将轿厢、驱动主机、对重、控制柜及限速器等关键设备布置在一般电梯井道内的电梯。

3. 特点

无机房电梯的特点就是没有机房，降低了建筑物建设成本，另外，无机房电梯一般采用变频控制技术和永磁同步电机技术，故节能、环保、不占用除井道以外的空间。地铁等城市轨道交通系统电梯设备一般都采用无机房电梯。

4. 组成

无机房电梯主要由轿厢、轿厢导轨、对重导轨、门系统、对重装置、牵引设备、牵引装置、控制柜及各种安全装置等组成。

轿厢是直接运送乘客或货物的载体，是电梯的重要组件之一。轿厢在曳引钢丝绳的作用下，沿着敷设在电梯井道中的导轨做快速平稳的上下垂直运动。轿厢由轿厢架和轿厢体组成。轿厢体由轿厢顶、轿厢门、轿厢壁、轿厢底、轿内操纵按钮及其他附件组成。轿厢门供乘客或货物出入使用，门上装有联锁、联动机构和安全触板，安全触板的作用是在人或物碰触后，通过联锁触头使门自动停止关闭并迅速打开。轿厢架由横梁、立柱、底梁和斜拉杆等组成，是轿厢体的承重架构。为了保证残疾人士以及其他携带大型行李人员的便利出行，提高服务质量，车站还应设置无障碍电梯。无障碍电梯的轿门两侧各设一个操纵箱，分别为主、副操纵箱，副操纵箱离地面较近，供乘坐轮椅的人士使用，操纵箱上设有的各种按钮均适合于残疾人使用。正常情况下，只有当轿厢门、层门完全紧闭时，轿厢才能上下运行；否则，轿厢立即停止，不能运行。

轿厢导轨和对重导轨是电梯轿厢和对重装置运行的轨迹，电梯运行质量主要取决于导轨的安装质量。

门系统由轿厢门、门锁、层门及自动开门机等组成，无机房电梯通常采用中分式开门。轿厢门是主动门，设在轿厢入口，由轿门扇、门导轨架、门刀和门靴等组成。层门，也称为厅门，属于被动门，设在层站入口，由厅门扇、门锁装置、门导轨架、门靴和应急开锁装置组成。自动开门机设在轿厢上，由小功率电动机带动，具有快速、平稳开关门等特点。根据开关门方式的不同，自动开门机分为两扇中分式和两扇旁开式。

对重装置可分为对重和重量平衡两个装置，设置在井道中，由曳引绳经曳引轮与轿厢连接，在运行过程中起平衡作用。对重是曳引驱动不可缺少的重要组成部分，它能平衡轿厢的自重和部分电梯负载，减少电动机功率损耗。

控制系统主要由操纵装置、平层装置、选层器及位置显示装置等组成，其主要作用是对电梯运行实行监控操纵。其中，操纵装置包括轿厢内的按钮操作箱、层门外召唤按钮、轿顶以及机房中的检修或应急操纵箱等，是乘坐电梯人员对电梯发出控制指令的电气装置。控制系统通过电梯的厅门外召唤箱和轿厢内操纵箱等按钮将指令传送给电动机和门机，以实现电梯的运行和停层功能。平层装置是能产生电梯平层信号的传感器，常用的有光电开关、双稳态磁开关、干簧管传感器等。选层器是供乘坐电梯的人员选择楼层用的电气装置，其作用包括选择楼层，指示轿厢位置，楼层信号登记与消除，确认电梯运行方向及发出电梯加速、减速信号等。位置显示装置是轿厢内和层站的指层灯,层站上一般能显示电梯运行方向或轿厢所在的层站。

5. 布置方案

(1) 主机上置式无机房电梯　即将永磁同步曳引机放置在井道顶部,曳引比2:1,绕法较繁杂。这种布置方式中,主机放在井道顶层轿厢和电梯井道壁之间的空间内,为了使控制柜和主机之间的连线足够短,一般将控制柜放在顶层的厅门旁边,这样也便于检修和维护。主机上置式无机房电梯如图2-2所示。

(2) 主机下置式无机房电梯　即将永磁同步曳引机放置在井道底部,曳引比2:1,绕法较繁杂。主机放在井道的底坑轿厢和对重之间的投影空间上,控制柜一般采取壁挂形式。这种放置方式给检修和维护也提供了方便。主机下置式无机房电梯如图2-3所示。

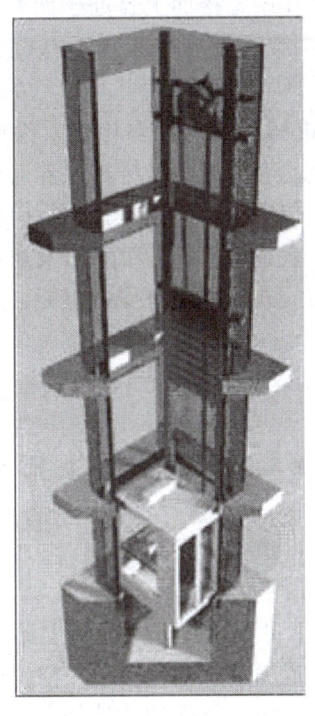

图2-2　主机上置式无机房电梯　　　图2-3　主机下置式无机房电梯

(3) 顶驱动式无机房电梯　即将曳引机置于轿顶。主机放在轿厢的顶部,控制柜放在轿厢侧面,这种布置方式,随行电缆的数量比较多。

(4) 对重驱动式　即将曳引机置于对重上。主机和控制柜放在井道侧壁的开孔空间内,这种方式对主机和控制柜的尺寸无特殊要求,但是要求开孔部分的建筑有足够厚度,并留有检修门。

6. 操作注意事项

电源开关设在紧急检修箱里,需要使用撬门钥匙打开紧急检修箱才能操作电源开关。把总电源开关合上,使用开梯钥匙在每层的外呼箱上操作电梯。

7. 安全要求

电梯属于特种设备,它的维修保养工作需要经过专门资质认可的部门进行,工作前必须落实相应的安全措施,严格遵守安全操作规程,否则将存在较高的安全隐患。一般电梯的曳引机、控制柜、限速器等部件位于机房内,对这些设备的维修保养操作均能在机房完成,工作空间较为宽敞并且安全便利,工作方式也为维修人员所熟悉。无机房电梯由于主要的机器设备全都安装在井道内,对这些设备的维修保养都需要在轿顶区域内进行,不但工作空间狭小,并且增加了危险性。因此操作中必须按照规定的维修保养安全步骤进行。

由于没有机房,无机房电梯的维护保养工作经常需要作业人员在顶层层站出入口和井道顶部完成。通常情况下,顶层层站出入口位置会有路人经过,因此作业人员在对无机房电梯进行维护保养时一定要注意采取相应的安全隔离防护措施。保养作业过程中,不仅需要保障作业人员自身的绝对安全,更要严格防止可能出现的一些无关人员带来的安全隐患。当在顶层层站出入口工作时,应限定在尽可能小的楼面区域内和尽可能短的时间内完成。同时在维修保养的作业过程中,还应尽量避免将保养用具放置在层站楼面上且处于无人保管状态。下面以三菱 ELENESSA 电梯为例,介绍一些无机房电梯维修保养中区别于有机房电梯的安全措施。

(1) 从层站检修面板操作电梯的安全要求　无机房电梯的很多检修及操作功能都由层站检修面板提供,因此,层站检修面板的钥匙应总是能够方便地被维护保养人员和营救人员得到。在层站面板进行检修或救援操作应按正确的步骤进行,操纵电梯运行前必须确认轿厢内人员状况,并且只允许电梯运行在手动及应急救援状态下。作业结束后及在没有作业人员看护时,应使层站检修面板处于关闭锁紧状态。非相关人员的随意操作可能会造成巨大的危害,甚至是人身伤害。

(2) 在轿顶上工作时的安全注意事项　用三角钥匙打开层门后,在踏进轿顶之前必须按照正确的步骤展开轿顶防护栏。

1) 在踏上轿顶前总是先使用紧急停止开关切断电气安全回路,保证电梯不会意外移动。

2) 踏上轿顶后立即展开防护栏并固定到位。

3) 确认防护栏电气联锁安全开关被激活。

在轿顶防护栏没有展开之前,禁止踏上轿顶工作,否则会有坠落危险。在轿顶作业过程中,当轿厢移动时,身体任何部位不允许超出防护栏范围。在离开轿顶之前,应确认轿顶上是否有松动的部件,防止活动部件掉落而造成底坑内工作人员受到意外伤害。

(3) 使用轿厢机械固定装置　当对无机房电梯的曳引机和控制屏进行维修保养时,由于操作人员是站在井道内的轿顶上而非机房地面,因此轿厢应该以机械方式固定在导轨上,以消除由于轿厢意外移动而产生的危险。为此,ELENESSA 无机房电梯提供了一套轿厢机械固定装置,该装置位于轿顶上靠曳引机的一侧,能够将轿厢固定在以下任一位置:

1) 可以对控制屏进行维护保养。在这个位置上,轿顶平面位置大致与顶层平层平齐。

2) 可以对曳引机进行维护保养。在这个位置上,轿顶平面位于井道顶部下约 2m 处。

使用轿厢固定装置的操作步骤如下:

1) 将轿厢运行到上述任一位置。这些位置可以通过固定在导轨上的用以插入轿厢固定装置的固定板来辨别。

2) 翻动轿厢固定装置,将其从"收拢位置"转换到"设定位置"。固定装置上的固定件应该完全插入导轨上固定板的孔内。

3）翻动轿厢固定装置使其脱离"收拢位置"时，轿厢所有的电气操作将自动失效。

4）在使用轿厢固定装置时应注意此时轿厢顶上有最大允许负载条件，确保安全可靠。

8. 技术特点

具体的维修保养作业内容和技术规范应参照各电梯生产厂商的技术要求。

（1）曳引机的维修保养　由于采用了永磁电动机的无齿轮曳引机，维修保养需要用一些专门的工具和仪器。制动器内嵌在曳引机罩壳里，直接作用在电动机转子机构上，是关系电梯安全运行的最重要装置，其铁心行程的调整、制动摩擦片动作行程的调整都需要使用杠杆式百分表和塞尺等精密仪器来精确设定。无齿轮结构使曳引轮与电动机转子结构联结，曳引轮磨损程度和联结部轴承的运转情况直接影响到电梯运行的舒适性。因此曳引轮必须定期予以检查，轴承定期加脂润滑。由于没有机房工作地面，又受到曳引轮位置所限，很难按照传统方式测量其磨损程度，这就需要使用针对相应规格轮槽专门制作的量具，以准确判定曳引轮槽的现状。如果需要拆卸、更换曳引机，则需要将轿厢可靠固定在井道顶层附近，以轿顶为工作平台，在井道顶部安装承重梁及起吊设备后实施曳引机的拆装。对曳引机的维修保养工作结束后应注意不能将工具、备件等物品遗漏在井道内（如支架上），防止落下后造成意外的损害。

（2）控制柜的维修保养　无机房电梯的控制柜一般也安装在井道内，一旦电梯元件或电路接线等发生故障损坏，检修与更换操作将会比较困难，因此日常的维修保养比安装在机房内的控制柜装置要求更高。接插件、接线端子及断路器、熔断保护器等应经常检查，尽可能防止故障发生。进出控制柜的电线电缆的布置和连接要求规范、可靠固定，避免与轿厢等运行部件发生碰擦而导致破裂故障。无机房电梯由于没有手动机械松闸条件，因此发生困人故障时必须有一套应急松闸系统。以三菱 ELENESSA 电梯为例，可以在没有外部电源的情况下在层站外实施松闸救援操作。该救援操作装置电气回路的可靠性应该得到充分保障，在日常维修保养工作中对回路中的电源（即蓄电池）的充放电情况以及线路导通情况必须确认良好。在控制柜检修工作完成后应确保其盖板可靠关闭并固定，同样也应注意不能将工具、备件等物品遗漏在井道内。

（3）利用井道以外的机器设备进行故障检修　电梯故障的查找与判断通常都需要在控制柜内进行，因为控制柜是控制电梯运行状态、汇集数据信息和发送指令的中枢机构。一般来说，驱动、控制和管理电梯运行的各种工作电压、回路构成、状态显示等都能在控制柜内进行检查。对于无机房电梯，一旦故障发生，有时候无法或很难直接接近控制柜装置，因此一般的无机房产品都会在井道以外的设备中提供一些故障判断与应急处理方式，如层站检修面板或远程监控设备等。另外，通过层站检修面板观察窗还可以在紧急排除故障时确认轿厢位置和状态。无机房电梯的维修要求维修人员熟练利用这些设备，以准确、高效、安全地进行排除故障操作。综上所述，无机房电梯的维修保养工作与传统的机房式电梯有很大区别。定期地对电梯进行维修保养将有利于保证电梯乘坐的安全性，提高电梯乘坐的舒适感与乘客的满意度，延长电梯设备的使用寿命。无机房电梯维修保养工作的绝大部分内容要求操作人员有专业的知识及相关电梯的安装经验。不合格人员从事维修保养工作，会给乘客或其他相关人员带来极大的危险，同时也会引起电梯设备的非正常损坏，并影响电梯所应具有的性能。

9. 结构特点

无机房电梯使用了许多业界前沿的技术，以三菱的无机房电梯 ELENESSA 为例，该型电梯的无齿轮曳引机由于采用了多项先进小型化技术，如永磁式电动机、独特的定子结构和内嵌式双制动器布局等，体形极为小巧。优化的电动机设计还大大减小了直接影响电梯运行舒适感的转矩脉动，紧凑的机械结构运行起来比以前的产品更平滑、安静与舒适。在电梯驱动方面，高存储、大规模集成电路和低噪声脉冲宽度调制逆变元件等先进技术的应用，使驱动装置对曳引机的变压变频控制更为精确、平滑，作为电动机驱动回路电源系统的 IPU（集成功率单元）和 PM（永磁）电动机又大大降低了能耗。新型的直接驱动式门系统同样采用永磁电动机，并布置在门机结构内部，不仅节省空间，而且使开关门动作更加平稳、安静。门回路的控制使用高性能芯片强化灵敏度，能根据各楼层间的不同情况进行精确控制。轿厢内操纵箱安装在轿厢侧壁，进入轿厢后无需转身即能登记指令信号。轿厢内设计非常人性化，显示器采用大字体，指令按钮的高度较以前有所降低，使得任何人都能方便操作。集这些高科技成果于一身的无机房电梯对用户来说意味着更安全可靠、更舒适的乘梯享受，而对于电梯维修保养单位来说，则要求更高技术含量、更准确规范的工作。

三、电梯困人的应急处理

1）当有人员被困在电梯内导致电梯停止运行时，需要两名工作人员协助处理，其中一人负责操作以排除故障，另一人做监护，负责安抚轿厢内人员的情绪。

2）检查电源开关是否跳闸，如跳闸可先把电源接通。电梯恢复正常后，恢复自动开门。

3）当以上操作步骤无效时，可以先断开主电源，然后利用敲抱闸棍和盘车轮，一人敲抱闸，另外一人盘车把轿厢盘到平层位置约 300mm 范围内，即可打开该层电梯门救出被困人员。

课题二 自动扶梯

自动扶梯作为一种方便快捷的运输工具，它的使用率呈现上升趋势，已经在大多数城市轨道交通车站内使用。

自动扶梯是以台阶式踏步板装在履带上连续运行，车站应根据预期客流量配备足够数量的自动扶梯，以保证车站正常运行。自动扶梯也属于特种设备，直接对象是乘客，设备的安全可靠性尤为重要。因此，自动扶梯的设备选型要以安全可靠性及成熟性为依据。自动扶梯如图 2-4 所示。

一、自动扶梯的功能及特点

在城市轨道交通车站中，自动扶梯的用途主要是解决乘客的快速疏散，使乘客在站台层与站厅层及车站外进行疏解。由于车站的站厅层一般离开地面 5~7m（浅埋式车站），有的车站甚至 7~10m（深埋式车站），乘客进出车站只能依赖于楼梯，而自动扶梯则提供了一种自动输送乘客的功能，满足了乘客对乘降舒适度的要求。自动扶梯带有循环运动梯路，是

图 2-4　自动扶梯

由一台链式输送机和两台胶带式输送机组合而成的升降传送系统，用于在建筑物的不同楼层间向上或向下倾斜疏散乘客，出于其特殊结构，无论从造型上还是从工作特性上都与单一的链式或胶带式输送机有很大的区别。它的主要用途是在列车到达车站后解决乘客的快速疏散，大量乘客乘坐自动扶梯从站台向站厅疏散。

自动扶梯具有连续输送功能，能够在较短时间内输送大量乘客，其主要优缺点如下：

1）输送能力大，生产效率高，能连续运送乘客，特别适用于有大量人流汇集与疏散的场所，如车站、机场、码头等。

2）自动扶梯能实现上、下行逆转，同时近年来又出现旋转式和平行式等新型自动扶梯，以满足不同场所的需要，甚至可以实现从车站站台层到地面出入口的连续输送。

3）当遇停电或电梯零件出现故障需要停止运行时可当作普通扶梯使用。

4）自动扶梯有水平区段，当产生附加的能量损失，同时提升高度较大时，乘客在自动扶梯上停留时间较长。

5）造价较高。

6）传送带的整体结构是敞开的，周围环境容易对乘客造成伤害。

7）运动部件的间隙对人体有夹持危险。

8）对人体的施力方向与人的重力方向不一致，容易使人倾倒，扶手带的线速度必须与梯级相同或稍大。

二、自动扶梯系统设备配置原则

城市轨道交通车站出入口若不受提升高度的限制，均应设置上、下行自动扶梯。站台层与站厅层间，一般应设置上、下行自动扶梯，若车站客流量较小，可用楼梯代替下行自动扶梯。当车站内发生火灾等其他紧急情况时，自动扶梯应停止运行，作为固定楼梯来疏散乘客。

自动扶梯一般采用30°倾斜角，两台相对布置的自动扶梯工作点间距离不得小于16m；

自动扶梯工作点至前面影响通行的障碍物的距离不得小于 8m；自动扶梯与楼梯相对布置时，自动扶梯工作点至楼梯第一级踏步的距离不得小于 12m；自动扶梯工作点至检票口的距离不宜小于 10m；分段设自动扶梯时，两段之间距离不应小于 8.5m。

自动扶梯系统的设备配置要以车站远期客流量及提升高度为原则进行配备，见表 2-1。

表 2-1 自动扶梯系统设备配置原则

提升高度 H/m	上 行	下 行	备 用
$H \leqslant 6$	自动扶梯	—	—
$6 < H \leqslant 12$	自动扶梯	△	—
$12 < H \leqslant 19$	自动扶梯	自动扶梯	△
$H > 19$	自动扶梯	自动扶梯	自动扶梯

注：△表示重要的车站也可设置自动扶梯。

三、自动扶梯的种类

自动扶梯可以从以下几方面进行分类：

1. 按梯级驱动方式分类

1）链条式，指自动扶梯驱动梯级的元件为链条。

2）齿条式，指自动扶梯驱动梯级的元件为齿条。

由于链条驱动式自动扶梯结构简单，造价较低，目前大多数车站内自动扶梯均采用链条驱动式结构。

2. 按扶手装饰分类

(1) 全透明式 指自动扶梯的扶手护壁板采用全透明的玻璃制作而成，按护壁板玻璃的形状又可进一步分为曲面玻璃式和平面玻璃式。

(2) 不透明式 指自动扶梯的扶手护壁板采用不透明的金属或其他材料制作而成。

(3) 半透明式 指自动扶梯的扶手护壁板为半透明的，如采用半透明玻璃等材料的扶手护壁板。

由于全透明的玻璃护壁板厚度大于 6mm，具有一定的强度，且全透明的玻璃护壁板的装饰效果较好，所以护壁板采用平板全透明玻璃制作的自动扶梯占绝大多数。

3. 按提升高度分类

1）小提升高度的自动扶梯，指提升高度为 3～10m。

2）中提升高度的自动扶梯，指提升高度为 10～45m。

3）大提升高度的自动扶梯，指提升高度为 45～65m。

4. 按驱动装置分类

(1) 端部驱动自动扶梯 端部驱动的自动扶梯包括扶梯上部驱动和下部驱动两种形式。驱动装置一般位于上部，驱动装置输出的转矩经传动链条，传递给梯路驱动链轮及扶手带轮，驱动扶手带与梯路同步运行。端部驱动扶梯以牵引链条为牵引件，又称链条式自动扶梯。

(2) 中间驱动自动扶梯 中间驱动自动扶梯的牵引构件是齿条，驱动装置位于扶梯中部。一台自动扶梯可以装多组驱动装置，也称多级驱动组合式自动扶梯。运行时，电动机通过减速器将动力传递给两侧的构成闭合环路的传动链条,每侧的传动链条之间铰接一系列的滚子,滚子与牵引齿条的牙齿啮合,驱使自动扶梯运行。

四、自动扶梯的构造

自动扶梯的核心部件是两根链条,它们绕着两对齿轮进行循环转动。在扶梯顶部,有一台电动机驱动传动齿轮以转动链圈,典型的自动扶梯使用 100 马力(1 马力 =735.499W)的发动机来转动齿轮。

自动扶梯是由一台链式输送机和两台胶带式输送机组合而成的升降传送系统。自动扶梯的基本结构可分为以下六大部分:一是框架结构,主要作用是自动扶梯各个零件的定位和组合,以及现场的定位安装;二是能连续提升的梯路,由梯级、牵引构件和导轨系统组成;三是动力驱动系统,作用是完成梯路的提升和连续循环运转,由驱动曳引主机、主驱动链条、主驱动轮系组成;四是电气控制与安全保护装置,包括张紧装置、扶手、梳齿板和牵引链等;五是润滑系统,作用是对主驱动链、扶手带驱动链及扶梯进行实时润滑,确保扶梯平稳运行;六是电气控制系统,由主控制柜、操纵面板、检修控制盒及各种安全保护开关组成。

自动扶梯的具体构造如下。

1. 桁架

桁架是架设在建筑结构上的金属结构件,一般由角钢和方钢制作,供支承踏板、梯级以及运动机构等部件。桁架如图 2-5 所示。

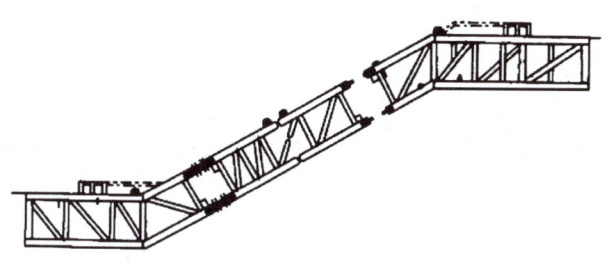

图 2-5 桁架

2. 驱动装置

自动扶梯驱动装置是指驱动扶梯运行的部件,它的作用是将动力传递给梯路和扶手装置,以完成梯路的提升和连续循环运转。一般由电动机、减速器、制动器、驱动链轮主轴、驱动链轮及传动链等组成。自动扶梯驱动装置如图 2-6 所示。

3. 梯级

梯级是供乘客站立的部件,也是自动扶梯的主要承载部件,多个梯级通过牵引链条和牵引齿条在动力驱动系统的驱动下形成运动的梯路。梯路在桁架上沿着固定轨迹连续运行,完成对乘客的连续输送。梯级由踏板、踢板、支架以及主辅轮组成。梯级如图 2-7 所示。

4. 梯路导轨

梯路导轨的作用主要是引导梯级以一定的轨迹运行,防止梯级跑偏,并在梯路上下分支上支承梯级主辅轮荷载。

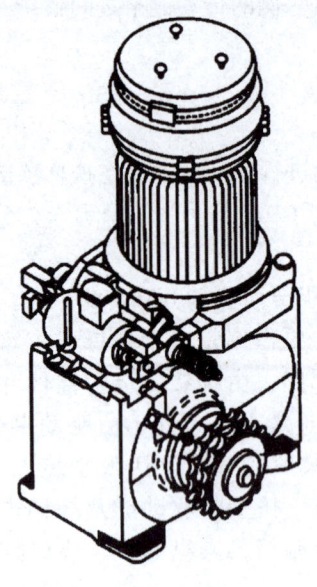 

图 2-6　自动扶梯驱动装置　　　　图 2-7　梯级

5. 安全装置

自动扶梯的安全装置包括急停开关、工作制动器、梯级塌陷保护装置、电动机保护装置及梳齿板保护装置等。

6. 扶手装置

扶手装置设置在扶梯两侧，是一种便于乘客扶握且对乘客起到安全防护作用的部件，由扶手带、扶手栏杆及扶手驱动系统组成。扶手带是在扶手装置顶面，与梯级同步运行的带状部件，当扶手带被拉长或过紧时，扶手带张紧装置可以调节其长度。扶手装置如图 2-8 所示。

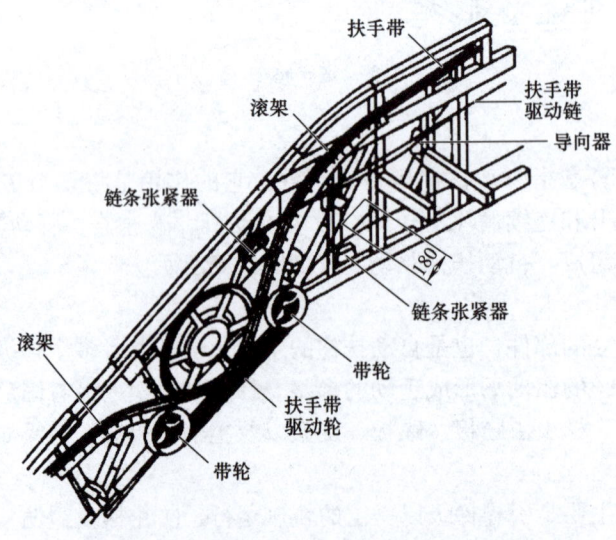

图 2-8　扶手装置

7. 裙板

裙板包括内裙板和外裙板。内裙板是梯级两边的界限,是与梯级两侧相邻的金属围板。外裙板覆盖桁架的外部,作用是防止有人触摸自动扶梯的运动部件,同时起到装饰的作用。

8. 盖板

盖板包括内盖板和外盖板。内盖板的一端装在裙板上,用于遮挡扶手装置的内部部件。外盖板用于遮挡扶手装置外缘。

9. 梳齿板

梳齿板是位于运行的梯级出入口处,与梯级踏板相啮合的部件,作用是方便乘客上下过渡。梳齿与梳齿板如图2-9所示。

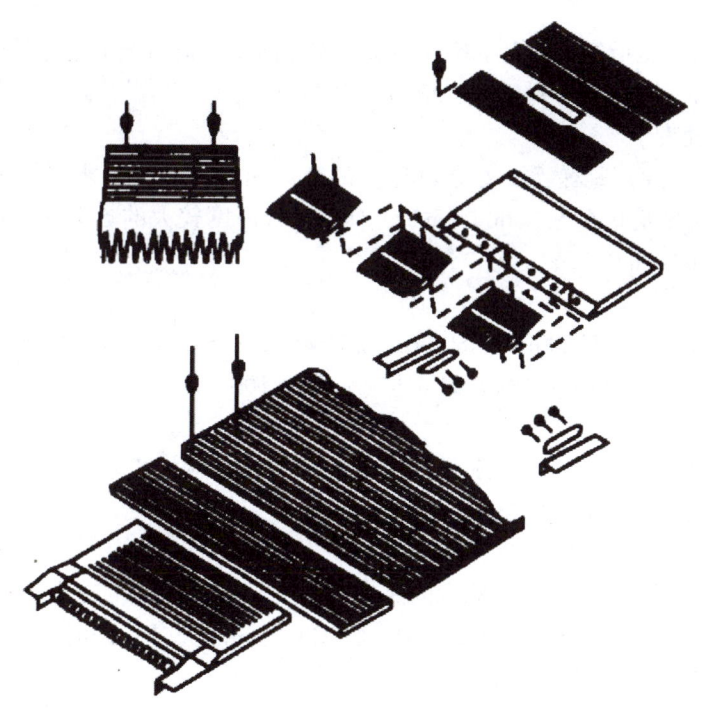

图2-9 梳齿与梳齿板

10. 控制柜

控制柜主要由主开关、主机板、接线端子、继电器、通信接口及接地保护装置等组成。

11. 驱动链

驱动链是传递运动并带动梯级运行的部件。

12. 自动润滑系统

自动润滑系统是保证自动扶梯正常运行及运行安全的重要系统。自动扶梯链条如润滑不足,则使链轮和链条间产生干摩擦,加快磨损,导致链条伸长、寿命缩短,甚至可能发生断链的严重事故;如润滑油过多,不仅浪费,而且会造成环境污染。

五、自动扶梯的工作原理

一系列的梯级与两根牵引链条连接在一起，在沿一定线路布置的导轨上运行即形成梯路。牵引链条绕过上牵引链轮和下张紧装置并通过上、下分支的若干直线、曲线区段构成闭合环路。闭合环路的上分支中的各个梯级应保持水平，以供乘客站稳，上牵引链轮通过减速器等与电动机相连以获得动力。扶梯两侧装有与梯路同步运行的扶手装置，以供乘客扶握，扶手装置也是由电动机驱动。为了保证自动扶梯上乘客的绝对安全，要求装设多种安全装置。

六、自动扶梯的主要技术参数

1. 提升高度

提升高度（H）是指建筑物上下楼层间或地铁地面出入口与地下站厅间的高度，一般提升高度与楼层间高度差相同。对于倾斜角为 35°的自动扶梯，其提升高度不应超过 6m。

2. 梯级运行速度

梯级运行速度（V）是梯级沿着导轨运行的合成速度，而不是水平或垂直方向的分速度。通用的标准速度是 0.45m/s 和 0.5m/s，对于提升高度较大的自动扶梯或公共运输场合一般速度为 0.65m/s 和 0.75m/s。

3. 梯级宽度

梯级宽度（B）一般有 600mm、800mm 和 1000mm 三种，城市轨道交通系统梯级宽度的采用原则是每个梯级能同时站立两名成年人，一般为 1000mm。

4. 运输能力

运输能力（Q）与梯级运行速度和梯级宽度有关，一般城市轨道交通系统梯级宽度为 1000mm 及以上，运输能力大于 9000 人/h。

5. 水平梯级

水平梯级是指梯级的后边缘到梳齿的距离（上行）或梯级的前边缘到梳齿的距离（下行）。水平梯级越大，乘客登梯越方便，调整脚步的时间越充分，同时也能降低由于乘客未站稳而发生摔倒事故的概率。

6. 倾斜角

倾斜角是指自动扶梯跨越两个楼层高度所需的角度。自动扶梯的倾斜角一般采用 27.3°、30°和 35°。

7. 额定速度

自动扶梯的额定速度（v）与倾斜角有关。当倾斜角小于 30°时，额定速度小于 0.75m/s；当倾斜角为 30°~35°时，额定速度小于 0.5m/s。

七、自动扶梯的运行管理

自动扶梯运行管理最终的目的是保证设备处于正常运行状态，实现系统的设计功能；同时为车站迅速输送乘客，维持良好秩序提供有力保证。

（1）应急处理　指设备出现异常或客伤等事故时，由运行管理人员（车站值班员）根据突发事件应急方案进行处理，并按照规定通知维修人员。

(2) 故障报告　观察设备的运行状态，若发现异常应及时将故障情况报告给环控设备调度员，再由环控设备调度员组织专业人员进行维修。

(3) 设备监管　对设备的正确使用进行监管，防止乘客违规使用。

(4) 运行操作　对设备的启动和停止运行进行操作。

在日常的操作及管理中应严格遵守以下规定：

1) 自动扶梯开始运转前，应检查扶梯扶手带、踏板、梳齿板及裙板保护胶条部位，防止内部夹有碎小石子、口香糖等；用手感触确认裙板及竖板的润滑剂是否充分；确认自动扶梯周围的安全设备，如三角警示牌、防止进入的栅栏等有无破损。

2) 开始运行时，首先要把开梯钥匙插入报警开关，鸣响警笛，以便发出信号告诉附近的人们扶梯即将运转；确认自动扶梯周围以及扶梯踏板上没人后，把钥匙插入启动开关，向上行或下行方向旋转，自动扶梯则开始工作；放开手后钥匙回到中立位置，之后把钥匙拔出；启动后须确认扶梯踏板和扶手带是否正常工作，如果有异响或振动，要立即按动紧急停止按钮，停止自动扶梯运行；确认正常运转之后，再试运转 5 ~ 10min，在试运转中按动紧急停止按钮，确认工作状况；在运行中如要按压自动扶梯紧急停止按钮，需要事先通知乘客不要乘坐扶梯。遇紧急情况不得不进行操作时，应告知乘客"紧急停止，请抓住扶手带"后再进行操作，否则有导致乘客跌倒的危险。在自动扶梯的运行过程中，要把钥匙拔出。

3) 停止运行时，要确认有无异响或振动，自动扶梯停止之前使用自动扶梯停止报警开关鸣响警笛；停止之前，禁止有人员进入自动扶梯的乘梯口；在确认自动扶梯附近或扶梯踏板上无人后，再把钥匙插入停止开关位进行操作；为防止乘客将停用中的自动扶梯当作楼梯使用，应采取适当措施，用栅栏等挡住乘梯口，并设置停用牌。

4) 转换运行方式时，要使用通知停止的报警开关鸣响警笛，在确认扶梯踏板上无人后停止自动扶梯运行。待自动扶梯完全停稳后，再重新启动开关向希望的方向运行。

5) 自动扶梯专用钥匙必须放在车站控制室钥匙箱内并严格保管，除有关人员外不得借出。

为了确保正确使用扶梯，车站必须指派站务人员监督扶梯的使用情况，监督并引导乘客正确使用扶梯设备。确保只有维修人员及监控人员才能拥有和使用扶梯钥匙。

课题三　楼梯升降机

为满足残疾乘客等特殊人群的需要，保证他们正常出行，车站内应配备一定数量的楼梯升降机。楼梯升降机属于电梯的一个分支，是一种较新颖的设备，一般安装在出入口或站厅至站台间的步行楼梯的一侧，其上设有轮椅平台，属于车站无障碍设计的一部分，弥补了现有电梯不能到达地面的不足。楼梯升降机具有安装灵活、操作步骤简单、安全性高、维护操作简单及占地面积小等优点。楼梯升降机能与车站控制室进行视频通话，方便乘客进行招援；楼梯升降机能沿着楼梯连续做上升、水平和90°转角运行，且运行时倾斜角不大于35°。楼梯升降机安装在城市轨道交通车站出入口或站台至站厅处，有室内型和室外型两种，室内型按照室内条件设置在车站内，室外型设置在车站出入口处，能在全天候条件下工作。楼梯升降机应能满足每年工作365天，每天工作20h 的工作要求。

一、楼梯升降机的组成

从服务功能上,楼梯升降机可分为座椅式和轮椅平台式两种类型。座椅式楼梯升降机主要为行动不便者提供上下楼梯的服务,轮椅平台式楼梯升降机主要为使用轮椅者提供上下楼梯的服务。公共场所一般都选用轮椅平台式楼梯升降机。楼梯升降机主要由以下部分组成:

1. 轮椅平台

轮椅平台由钢构件制成,包括钢板、活动板、安全护栏及安全挡板,其结构应有足够的强度和刚度。轮椅平台约束轮椅,使轮椅在楼梯升降机运行时始终被限制在固定位置上。操作人员可以通过操作外召唤盒的上、下按钮来控制平台收放,在升降机到达端点位置后,只要持续按住上、下按钮,底板便会自动向上折放,护栏会向下折放。在平台进行张开或叠放的过程中,如遇故障,可以手动方式完成此操作。

2. 扶手导轨

扶手导轨固定在楼梯表面,采用钢铁材料制作而成,其表面热镀锌后涂有富锌防锈漆和耐磨面漆,具有很好的防锈蚀性能,能保证15年内不生锈,所以导轨的部件不需要润滑。

3. 驱动机与牵引系统

驱动机采用直流电动机,电动机电压为24V,额定功率为540W。有六个钢制驱动滚轮等距地分布在滚轮支架上,且保证总有两个滚轮同时附着在导轨上,滚轮循环转动实现楼梯升降机上升或下降,升降机的运行速度由电动机通过齿轮减速后获得。驱动机内含有制动器,制动弹簧是压缩弹簧,制动器断电抱闸,通电松闸。

驱动机与牵引系统有以下三种形式:

(1)绳球链牵引式 绳球链是一种在钢丝绳上穿入用工程塑料制造的圆球制成的传动机构,穿在空心的导轨中,牵引升降平台运动。绳球链牵引式一般采用交流电动机驱动,驱动装置安装在楼梯的上端部,由220 V交流电源直接为驱动装置的电动机供电。运动时绳球在钢管内运动产生的滑动摩擦对动力的损耗大,因此,其适合提升高度较低且转弯少的楼梯。

(2)滚轮式 滚轮式传动采用一种特殊设计的曲线导轨与特殊设计的滚轮机构相啮合,滚轮机构由安装在平台支承架内的驱动主机驱动,滚轮在导轨上的爬行带动升降平台做上升或下降的运动。这种升降机导轨结构较复杂,但在使用中传动件的摩擦损耗小,能适应多转弯、提升高度大的楼梯。

(3)齿轮齿条传动式 齿轮齿条传动式楼梯升降机的驱动机构安装在升降平台(或座椅)支承架内,导轨上装有齿条,通过齿轮在齿条上的滚动,实现升降平台的上升或下降。

4. 控制柜

控制柜安装在楼梯升降机的内部,包括蓄电池、主电源开关、直流电动机、上行继电器、下行继电器、中间继电器、时间继电器及电动机辅助继电器等。

5. 平台召唤操作装置

楼梯升降机采用微机控制方式,能实现对升降平台动作的各种自动控制,如平台的自动收放、平台的召唤和返回以及护栏的自动收放。平台召唤操作装置具有两种操作形式。

(1)自助式操作 自助式操作是指由使用者自行操作实现楼梯升降机的上升、下降。此种操作方式的楼梯升降机,在楼梯的上下端都设置专用操作箱,使用者只需按下操作箱上的使用开关,升降机便运行至使用端,然后平台自动打开。升降平台上安装有护栏开关和运行开关,可自行操作护栏的收放和平台的运行。

(2)他助式操作　他助式操作是指由他人协助操作使用楼梯升降机。此种操作方式的楼梯升降机,在楼梯的上下端也都设置有专用操作箱。操作箱上设有对讲机,使用升降机前,使用者先通过对讲机与现场管理人员取得联系,由管理人员到现场打开升降平台,协助使用者在平台上就位,然后由现场管理人员控制平台的运行。他助式操作安全性好,设备易于管理,地铁的楼梯升降机一般都采用此种操作方式。

6. 安全装置

安全装置包括护栏开关、限位开关、侧板开关、底板开关、限速器开关、抱闸开关、极限开关及旁通开关。

7. 充电装置

充电装置的作用主要是将交流电整流成直流电后供蓄电池充电。当蓄电池开始充电时,黄色指示灯快速闪烁;当蓄电池充电结束后,黄色指示灯慢速闪烁;当充电装置电源供给正常时,绿色指示灯始终点亮。

8. 低电源蜂鸣器

当蓄电池电压低于22.5V时,升降机在运行过程中会发出蜂鸣声音信号,此声音信号主要用于提醒电池需要充电。随后应立即将楼梯升降机驶入充电点,且尽可能向下运行。充电自动进行,充电结束后,蜂鸣器停止鸣响。

楼梯升降机如图2-10所示。

图2-10　楼梯升降机

二、楼梯升降机的运行轨迹类型

1. 直线运行式

直线运行式的楼梯升降机的轮椅平台或座椅只能沿着楼梯做上升或下降的直线运动,不能转弯,且运行倾斜角不大于35°。这种楼梯升降机的导轨是一条直线,适用于楼层较低、楼梯中间没有水平段的直线形楼梯。

2. 曲线运行式

曲线运行式楼梯升降机的轮椅平台能沿着楼梯,在运行倾角不大于35°的情况下做上升、下降、水平、转弯和螺旋形运动,适用于楼层较高,楼梯中间有水平段和转弯的场所。对于地铁车站,层间高度一般都在5m以上,楼梯中部一般都有水平段,而且常需要转弯,因此应选用曲线运行式楼梯升降机。

三、楼梯升降机的主要技术参数

楼梯升降机的主要技术参数有平台尺寸、额定载重量和额定速度等。

1. 平台尺寸

楼梯升降机的轮椅平台一般规定为，最大的平台尺寸（长×宽）为 1250mm×800mm，最小平台尺寸（长×宽）为 900mm×750mm。广州地铁 2 号线采用的平台尺寸为 1000mm×800mm，此尺寸既不占用楼梯较大空间，又能满足轮椅的安全放置。

2. 额定载重量

当运载对象为 1 人时，额定载重量不应低于 115kg；当运载对象为 1 名使用手动轮椅的乘客时，额定载重量应不低于 150kg。随着电动轮椅的使用，楼梯升降机的额定载重量加大，可以达到 200kg 和 250kg。随着我国经济的发展，残疾人生活水平的提高，新建城市轨道交通车站采用较大额定载重量的楼梯升降机是合理的。

例如，广州地铁 2 号线楼梯升降机设计的运载对象为 1 名使用手动轮椅乘客，选用的额定载重量是 150kg。在广州地铁 3 号线及 4 号线的设计中，考虑到为乘坐电动轮椅的乘客服务，将楼梯升降机的额定载重量提高到 250kg。

3. 额定速度

从乘坐者的安全以及楼梯上行人的安全角度考虑，楼梯升降机应采用较低的额定速度，一般不应超过 0.15m/s，常用的额定速度有 0.1m/s、0.13m/s 和 0.15m/s 三种。

课题四　地铁车站电扶梯系统常见故障处理

一、自动扶梯紧急制动

自动扶梯在运营期间难免会发生许多意外事故，如突然间改变运行方向或加速运行，乘客在乘坐电梯时突然摔倒，掉落物品或夹住手指、衣物等。发生意外时，工作人员应紧急停止自动扶梯运行，以防发生重大事故。为了能在发生紧急事故时将自动扶梯紧急停止，自动扶梯上设有紧急制动器，在发生意外时，工作人员需操作自动扶梯上、下端部的"紧急停止"按钮，具体操作步骤如下：

1) 使用"紧急停止"按钮前，首先通知乘客"紧急停止扶梯，请站稳抓住扶手"。
2) 迅速按下红色"紧急停止"按钮，按钮凹下并自锁。
3) 事故处理完毕后，再次按压"紧急停止"按钮，按钮凸起，解除紧急停止状态，继而恢复电梯正常运行。

二、电扶梯系统客伤应急处理

1) 现场发现或接收到扶梯发生人员伤亡事故的信息后，相关人员应立即到现场进行处理。
2) 大声通知乘客"电扶梯即将紧急停止，请抓住扶手站稳"后，按下紧急停止按钮。
3) 请现场的人员协助，将当事人平抬出扶梯，并挽留至少一名目击者作为证人。如果现场无合适的证人，当事人也需留下证词。

4）维持现场秩序，封锁现场。

5）确认当事人的伤势情况是否严重，根据具体情况进行紧急救助。

6）通过录音、拍照等方式对现场进行取证。

7）报调度部、站务部、安质部、保险公司及120急救中心等。

8）请当事人、目击证人填写《事件经过登记表》，当事人书面陈述时因身体状况及其他客观因素必须由他人代写时，需经当事人同意，书写完毕由双方签字或按手印确认。

9）车站工作人员按规定格式填写《事情经过登记表》后报站务中心。由站务中心审核，并填写《客伤事件报告表》，将原件在事发之日起两个工作日内按层级报安质部。

三、电梯困人应急处理

1. 信息报告流程和内容

行车值班员在接到电梯轿厢内乘客被困报警电话或者通过BAS及轿厢内视频监控设备发现故障制停的电梯轿厢内有乘客时，应立即向环控调度报告事故发生时间、地点、被困人员情况、事故是否由设备断电及电梯故障造成等信息。

2. 应急处置操作

1）站务人员发现电梯困人后，应通过电梯轿厢内紧急电话安抚受困人员并了解现场情况，主要包括被困人数、身体状况、应急照明是否正常、风扇工作是否正常、受困经过等，告诫受困人员不要自行扒撬轿门，应紧握扶手、背靠轿壁站立，劝慰受困人员保持冷静，耐心等待维修人员救援。

2）在救援组及外委维保公司赶到现场前，站务人员将"电梯故障，暂停使用"警示牌放置于事故电梯各层厅门口处，以防非相关人员接近、操作事故电梯。同时，用锁梯钥匙关闭电梯，并应携带好全套电梯专用钥匙、对讲机及两根尼龙救援绳在困人电梯的顶层厅门外等待电梯救援小组到达施救。

3）电梯使用管理人员在等待救援队伍到达现场过程中，应持续通过轿厢内监视摄像头观察轿厢内情况，并继续安抚乘客。如发现有受伤或体弱发病的乘客，应提前拨打120急救电话，使受困人员被解救后能及时得到救治。

4）电梯困人救援组到达现场后，站务人员应配合救援组使用安全护栏在厅门处隔离出满足救援需要的安全区域；综控室行车值班员应为救援组提供电梯给BAS反馈的故障信息以及轿厢内乘客状态以配合救援；值班站长在受困乘客被安全救出后，向控制中心报告。

【技能训练】

任务一　自动扶梯操作实践

一、实训目的

熟悉自动扶梯的构造，掌握自动扶梯的开启与关闭等正常操作步骤。

二、实训准备

具备自动扶梯的实训场所或地铁车站。

三、实训内容

1. 操作注意事项

1）自动扶梯的日常开关操作由车站持有《电梯司机证》人员（值班站长）比照时间或环调命令进行，值班站长及站台安全员负责监控和巡视电梯的运行状态是否良好，有无异响、异物等。

2）开关电梯前进行必要的检查，确认扶梯上没有其他人员。

3）在未得到上级部门批准的情况下，不得使扶梯按与规定使用方向相反的方向运行。

4）自动扶梯在运行过程中如发现异常情况应立即停止运行，若扶梯上有乘客，必须大声告知乘客："扶梯紧急停止，请站稳并抓紧扶手"。严禁继续使用或擅自维修，而应在加设护栏或故障停用标志后及时报修。

5）行车值班员应该通过监视器关注电梯运转情况，适时通过广播提醒乘客注意乘梯安全。

6）严禁乘客使用扶梯运载大型货物、重物及可能卡坏、刮坏扶梯设备的物品。

7）电梯钥匙（包括三角钥匙）由值班站长负责保管。扶梯操作完毕后，要及时将钥匙拔除并妥善保管；在日常工作中要做好钥匙的借出记录，严禁将钥匙借给不具备相应资质的人员。电梯钥匙如有遗失，必须马上向本部门领导汇报，并由相关负责人承担相应责任。

8）扶梯停止运行后，需要设置宣传提示牌，禁止作为步梯使用。

2. 自动扶梯的开启

1）需要除去自动扶梯各梯级间隙的杂物。

2）确认"紧急停止"按钮是否处于正常工作状态。

3）将钥匙插入操作盘上报警开关，打到"鸣警笛"位，鸣响警笛，向周围人员发出警示，提示设备即将投入运行。放手后，钥匙将回到中央位置，将钥匙拔出。

4）确认自动扶梯周围及出入口处没有人后，将钥匙插入"上/下行运行"钥匙开关后，向上行或下行运行方向旋转，自动扶梯开始运行，等到运行稳定后放手，钥匙自动回到中央位置后，即可将钥匙拔出。

5）扶梯启动后，确认扶手带及梯级是否正常运转，如有异响或振动时，应立即按动"紧急停止"按钮，将自动扶梯停止运行，同时通知维修人员进行处理。

6）扶梯试运行 3min 后，确认运行正常后，工作人员方可离开现场。

3. 自动扶梯的关闭

1）停止自动扶梯运行之前，确认扶梯上及出入口处没有乘客。

2）将钥匙插入报警开关，向左旋转至"鸣警笛"位，鸣响警笛，发出关梯警示音。

3）再次确认扶梯附近或梯级上没有人后，用钥匙向右旋转至"停"位置，自动扶梯停止运行。手离开钥匙以使钥匙自动复位后，将钥匙拔出。

4）待自动扶梯完全停稳后，检查扶手带、梯级、扶手栏杆及裙板等处有无异常，并进行清洁工作。

5）用栅栏挡住自动扶梯梯口，放置"暂停服务"标志牌，并提示扶梯停运后不能作为楼梯使用。

四、实训考核

考核内容	考核标准	得 分
自动扶梯的开启	步骤完整（25 分）	
	设备操作正确（25 分）	
自动扶梯的关闭	步骤完整（25 分）	
	设备操作正确（25 分）	
	合计	

注：步骤每缺失一步扣 5 分，设备操作错误一次扣 5 分。

 任务二　垂直电梯操作实践

一、实训目的

熟悉垂直电梯的构造，掌握垂直电梯使用操作步骤。

二、实训准备

具备垂直电梯的实训场所或地铁车站。

三、实训内容

1. 开梯运行前的检查操作

1）检查电梯隔层候梯厅地面是否有积水、杂物、油污及其他脏污，如有则应立即清除。

2）检查电梯候梯厅及与候梯厅相连的通道及走廊等处是否有杂物堆放，如有则立即清除。

3）检查电梯厅门、呼梯盒及梯厅顶棚等处是否有过水、过油的痕迹，如有则立即报修。

4）检查电梯各层厅门是否关闭可靠，厅门与门套、厅门与地槛、地槛与门套、地槛与候梯厅地面等处的间隙是否正常。

5）检查电梯候梯厅及与其相连的通道、走廊等处的照明装置是否能正常工作，照明灯具是否全部正常点亮。

6）检查各层站厅门口处呼梯面板及按钮、电锁开关、楼梯显示器、消防按钮盒是否完好，有无变形、损坏、移位及过水等异常情况。

7）检查厅门、门套及地槛等处是否安装牢固、可靠，有无损坏、变形及移位等情况。

8）检查各层站候梯厅处设置的安全设施有无破损、设置位置是否正确等。

2. 开梯运行时操作

1）到基站层厅门前，将钥匙插入电梯电锁钥匙孔并转动电锁开关至启动电梯档位，待楼层显示器点亮、电梯启动后，拔出钥匙。

2）开启电梯厅门进入轿厢之前,首先确认电梯轿厢是否停在该层,避免发生踩空事故。

3）按下呼梯按钮,检查厅门、轿门打开时是否动作流畅、平稳,有无阻滞、振动、异响等情况发生。

4）检查轿门光幕是否工作正常、功能可靠。

5）进入轿厢,检查轿厢内部是否有划痕、变形、损坏、松脱,按键是否均匀一致、有无夹杂异物等。

6）检查轿厢操纵盘上的按钮、楼梯显示器、照明灯具及风扇是否正常工作,是否有变形、损坏、缺失及松脱等情况。

7）检查轿厢内紧急对讲电话装置外观是否完好无损,是否工作正常、功能可靠,通话时语音是否清晰、流畅。

8）检查位于前轿壁上的检修控制盒盒盖是否完好无损,是否闭锁可靠;钥匙孔是否完好无损,有无杂物堵塞钥匙孔。

9）开梯后,电梯上下空跑两圈后再试乘。试乘电梯时,检查电梯轿厢操纵盘选层按钮工作是否正常,功能是否可靠,轿厢运行过程是否平稳,有无不良振动和异常声响;轿厢运行方向及停靠层站,与在轿厢操纵盘上所选层站相同,无丢失层站、失速、反方向运行、轿厢停滞不动等情况。

10）试乘电梯过程中,检查轿厢在启动和停止时,动作是否流畅,加减速度是否合理;轿厢停靠站层后,平层准确,一次到位,轿厢地槛与厅门地槛相互平齐,无明显相互错离情况。

11）电梯停靠站、平层后,轿门与厅门开关动作应流畅,无在轿厢平层结束前提前开门情况发生。

12）试乘完毕,待确认电梯一切正常后,操作人员方可离开设备,允许设备投入正常使用。

3. 停止运行时操作

1）停止电梯前,需要确认各层候梯厅电梯轿厢内无乘客。

2）将钥匙插入电梯电锁开关内,旋转至电梯停机档位,待电梯轿厢返回至基站层,呼机盒显示器上的停机指示灯点亮后,将钥匙从原位拔出。

3）电梯停止运行后,检查各层站厅门、厅门地槛、门套、呼梯盒及顶层控制柜等处。

四、实训考核

考核内容	考核标准	得分
开机运行前的检查操作	步骤完整（15分）	
	设备操作正确（15分）	
开机运行时操作	步骤完整（20分）	
	设备操作正确（20分）	
停止运行时操作	步骤完整（15分）	
	设备操作正确（15分）	
合计		

注:步骤每缺失一步扣5分,设备操作错误一次扣5分。

 任务三 楼梯升降机操作实践

一、实训目的

熟悉楼梯升降机的构造,掌握楼梯升降机使用操作步骤。

二、实训准备

具备楼梯升降机的实训场所或地铁车站。

三、实训内容

楼梯升降机的使用步骤如下:

1)打开楼梯升降机配电箱电源,绿色电源指示灯点亮。
2)利用控制器将楼梯升降机展开,扶手栏杆自动升起,踏板自动展开。
3)将乘客轮椅推放至楼梯升降机轮椅平台上,按动控制器,实现向上或向下运行。
4)楼梯升降机运行到位后,将轮椅推下楼梯升降机轮椅平台。
5)使用完毕,将楼梯升降机重新折叠好。

四、实训考核

考核内容	考核标准	得 分
楼梯升降机的使用操作	步骤完整(50分)	
	设备操作正确(50分)	
	合计	

【小案例】——人民至上、家国情怀

2021年10月,石家庄市受到了疫情影响。自10月23日石家庄市发现第一例确诊病例后,多个社区封闭,将排查出的密接者、次密接者进行隔离,居民全员进行核酸检测,力求全面切断病毒传播途径。在如此严密的疫情防控措施之下,石家庄市地铁车站的员工上班到岗也受到了影响。虽然人员紧张,但石家庄市地铁是一个有爱的大家庭,在各级领导的支持下,车务部各室、各车站相互支援,得以平稳有序地运转。

某站值班站长小黄,家中有两个孩子,大的上小学,小的还没有上幼儿园,老人生病住院,但她听闻站全体员工根据上级防疫要求进行隔离,依旧克服困难,第一个主动提出来到留村站支援。她说,"本站不同于其他车站,是有侧式站台的联锁站,情况更复杂。"就这样,小黄带领着第一个"临时班组"值守了夜班,为方便后续其他车站员工到站开展工作,她细心地将各岗位的注意事项一一列明,为后续来支援的同事留下"避坑指南"。

某站值班站长小王,在休息日傍晚得知平安大街站需要支援,原本疲惫的她立刻振奋精神,毅然把第二天已安排好的事情取消,努力调整状态,积极响应支援号召。她带领各站支

援人员,迅速适应不同的设备操作和陌生的车站环境。她深知当前的形势严峻,打起精神全力做好各项防疫工作。上班前排查当班人员的身体状况,保证每一位成员都符合上岗要求;督促各岗位严格根据疫情防控相关通知,执行戴口罩、测体温、验"双码"、消毒消杀等规定;利用夜班时间组织人员学习疫情相关应急预案并进行实战演练,让每位员工掌握发热或健康码异常乘客现场处置程序,确保突发异常情况时能够快速有效地进行处理。

这样坚强的人一直有,这样温暖的事一直在。这群可爱的人克服困难,坚守岗位,努力维持着各室、各车站的正常运转,他们以地铁人之名,书写下对这座城市的热爱!

【课后习题】

一、填空题

1. 地铁中常见的升降设备有_____、_____、自动步行道和_____。
2. 车站内的垂直电梯主要有_____和_____两种。
3. 自动扶梯的电气控制与安全保护装置包括:_____、_____、_____和牵引链等。
4. 自动扶梯的驱动装置一般由电机、_____、_____、驱动链轮主轴、驱动链轮及传动链等组成。
5. _____是传递运动并带动梯级运行的部件。

二、判断题

1. 液压电梯是利用液压传动的原理,通过改变液压泵向液压缸输出的油量控制电梯的运行速度。( )
2. 正常情况下,只有当轿厢门、层门完全紧闭,轿厢才能上下运行。( )
3. 乘客携带大型货物、重物可乘坐自动扶梯。( )
4. 无机房电梯可通过层站检修面板观察窗在紧急排故时确认轿厢位置和状态。( )
5. 电梯制动器断电松闸,通电抱闸。( )

三、简答题

1. 简述液压电梯的工作原理。
2. 简述楼梯升降机的使用步骤。

03

单元三　给水排水系统

【学习导入】

2012年7月21日,北京的一场特大暴雨致使多个地铁站倒灌被淹,影响多条线路的正常运行。2015年6月27日,南京地铁秣周东路站3号口积水严重,积水从3号口倒灌进地铁站厅,地铁站内工作人员使用沙袋做好防护并使用抽水机全力往外抽水。给水排水系统的安全可靠性在地铁运营管理中占有非常重要的位置,特别是当出现暴雨、火灾等危急状况时,站务员需要对给水排水系统的基本功能有充分的认知,能够完成应急处理。本单元将详细介绍给水排水系统以及水消防系统,制定日常巡视记录工作流程。

【学习目标】

能力目标
1. 能够正确识别给水排水系统设施设备。
2. 能够对给水排水系统常见故障进行简单处理。

知识目标
1. 掌握车站给水排水系统的组成和功能。
2. 掌握车站给水排水系统主要设备的使用方法。
3. 掌握水消防系统设备组成。

素质目标
1. 培养安全第一、乘客为主的安全意识。
2. 培养应急能力和操作能力。
3. 培养职业素养和团队协作能力。

【理论知识】

 课题一　给水系统和排水系统

给水排水系统是为人们的生活、生产、市政和消防提供用水和排出废水的设施的总称。地铁给水排水系统设备主要有以下作用：

1）提供地铁运营所必需的生产、生活、消防等用水。
2）收集生产、生活、消防等产生的废水、污水及地下结构渗漏水、雨水等。
3）提供完整的水消防系统，保证地铁的安全、正常运营。

给水排水系统分为给水系统、排水系统及水消防系统。

一、地铁车站给水系统

车站给水系统是指将市政给水网中的水引入室内，经配水管输送到建筑内部的给水配件和用水设备，并保证水质、水量、水压、水温等。

车站给水系统由生产给水、生活给水和消防给水三部分组成。均由城市自来水管网供水，如图3-1所示。

消防给水系统

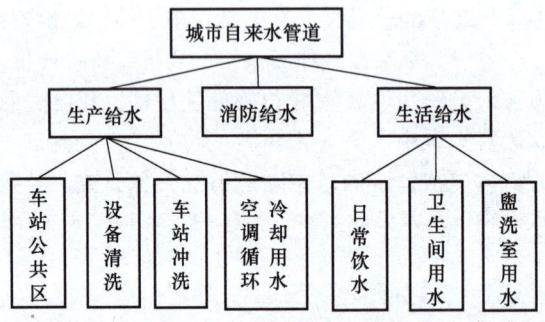

图3-1　车站给水系统

地铁给水系统的选择，应根据生产、生活和消防等各项用水对水质、水压和水量的要求，结合市政给水系统等因素确定，一般按下列情况选择给水系统：

1）为保证人员饮用水的水质，地铁宜采用生活和消防分开的给水系统。生活给水管宜由市政自来水管引入。但生产用水可和消防或生活给水系统共用。
2）当城市自来水的供水量能满足生产、生活和消防用水的要求，而供水压力不能满足消防用水压力时，应和当地消防及市政部门协商设消防泵和稳压装置，不设消防水池。
3）当城市自来水的供水量和供水压力能满足生产和生活用水，而不能满足消防用水量要求时，则应设消防泵、稳压装置和消防水池。
4）如设自动喷淋灭火系统时，应采用独立的给水系统，不应和生产、生活及消火栓给水系统共用。
5）车站生活、生产给水管网布置。

地下车站的生活、生产给水管道一般沿车站风井、出入口等处与消防供水管道一起进入地下车站。车站设有站内总阀门。然后一路管道沿站厅层顶部两侧延伸至车站两端。另一路由车站一端向下穿入站台层站台板下，给水管道沿着站台板下向车站另一端延伸。车站除卫生设备用水、空调设备用水、生活用水外，在车站站厅层两侧和站台层扶梯旁等处均设有冲洗栓，供车站冲洗所用。在水泵房环控机房等处均设有水龙头。

地铁地面车站低层建筑一般采用市政自来水管网直接供水。高层建筑及地铁车辆厂范围设高低水箱、水泵液位自控装置等组成的供水系统如图 3-2 所示。

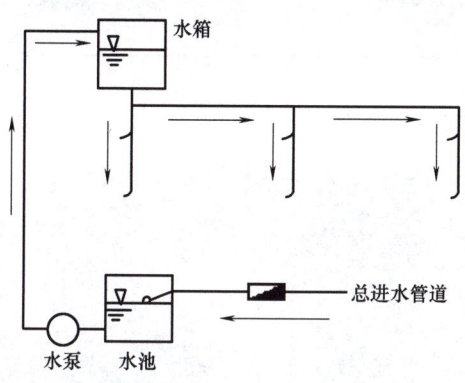

图 3-2　地面站给水示意图

二、地铁车站排水系统

地铁车站的排水系统是车站给水排水及防灾的主要内容之一，及时排放车站内部的积水，对车辆的正常运行及各类电器设备的保护有着重要意义。排水系统主要任务是及时排除生产生活污水、隧道结构漏水、事故消防废水及敞开式出入口和风亭部分的雨水等，以保障车站正常运营和行车安全。

1. 排水系统组成

按照水的性质可以分为污水系统和废水系统，污水系统用于排除车站卫生间所产生的生活污水；而废水系统则用于排除消防废水、冲洗废水、雨水和结构渗漏水。其中废水系统又可以细分为车站主废水系统、车站局部废水系统和区间废水系统。

污水主要是指车站内卫生间及开水间生活污水，城市轨道交通地铁站内都配有公共卫生间，因此需要考虑乘客生活排水量。污水泵设置在卫生间下的站台层设备区内，污水集水池有效容积不应小于最大水泵 5min 的流量，不大于 6h 的污水量（防止污水停留时间过长产生沉淀和腐化）。

废水主要包括消防废水，站厅、站台地面冲洗废水，环控机房和各类排水泵房洗涤池排水，事故排水，消防废水，结构漏水等。废水由地漏（图 3-3）收集并排放至轨道两侧的排水明沟，再由废水泵（图 3-4）加压输送至城市污水系统，排水流程示意图如图 3-5 所示。

2. 排水泵站

在排水管道的中途和终点需要提升废水时设置泵站，称为中途泵站和终点泵站。

按照废水的性质，排水泵站分为污水泵站、雨水泵站和合流泵站。污水泵站常采用离心式污水泵。雨水泵站常采用轴流泵。合流泵站配泵时要顾及雨天流量和晴天流量的巨大变

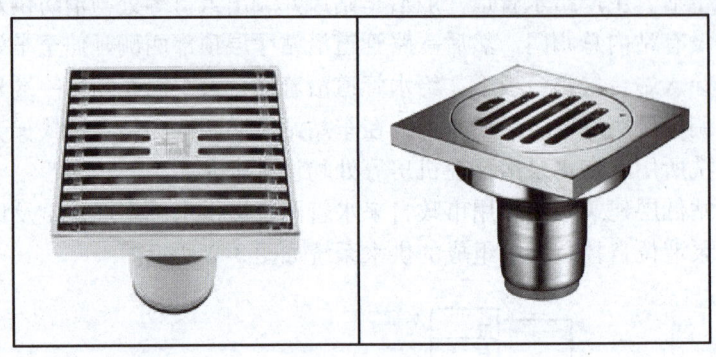

图 3-3 地漏

图 3-4 废水泵

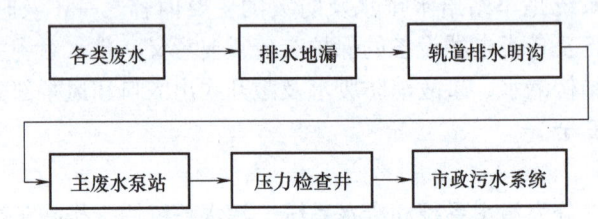

图 3-5 排水流程示意图

化,可采用不同类型及不同流量的泵组组合以利运转,但泵组的品种宜少些。当地面较宽敞时,也可采用螺旋泵。螺旋泵效率较高、能耗较少、不易阻塞、易于维修,最宜用于扬水量较大、扬程较小的场合。小流量的泵房一般采用自动操作,大流量泵房则采用自动或兼用人工操作。

排水泵站必须及时把水送走。应有备用电源和备用机组。雨水泵站不经常启用,一般可以不设备用泵。但平坦而易积水地区的雨水泵房中的水泵配置,其总流量可较设计频率流量大 20%~30%,以利地区积水时,加快积水的排出。污水泵站需设事故排出口时,应取得当地卫生主管部门的同意。

地铁排水泵站(房)的排水泵的设置一般规定为:

1)区间排水泵站、辅助排水泵站及车站排水泵房应设两台排水泵,平时一台工作;当排除消防废水时,两台泵同时工作;排水泵的总排水能力,按消防时的排水量和结构渗水量之和确定。位于水域下的区间及车站排水泵站，应增设一台排水泵，每台排水泵的排水能力应大于最大小时排水量的 1/2。

2）车站露天出入口及敞开通风口的排水泵房，设两台排水泵，平时一台工作，遇大雨水时两台泵同时工作。每台排水泵的排水能力，应大于最大小时排水量的 1/2。

3）洞口的雨水泵站，宜设三台排水泵，最大水量时三台泵同时工作，每台泵的排水能力应大于最大小时排水量的 1/3。

4）车站污水泵房、临时和局部排水泵房设两台污水泵，一台工作，一台备用，每台泵的排水能力，不小于最大小时的污水量。

5）排水泵站（房）的排水泵，应设计为自灌式，一般采用自动、就地和远动三种控制方式，但污水泵和自动扶梯基坑的局部排水泵，可以按自动和就地两种控制方式设计。排水泵的工作状态和水位信号，应在控制室显示。

6）排水泵为自动控制启动时，水泵每小时启动次数不得超过 6 次。

三、给水排水系统的运行

地铁给水排水系统的正常运行是指各类给水排水泵平时均按自控状态运行，并且保持良好的工作状态，随时可以按照设计或设定的自动控制或手动控制（指有自动控制系统时）运行，各类给水排水设备，包括阀门、水泵等可操作设备应配有指示标牌，表示目前设备所处的状态。线路供水管道不间断供水，阀门状态不可变。车站安排工作人员定时巡视，发现异常及时汇报。

课题二　水消防系统

地铁由于其客流量大、车站建筑结构复杂、环境密封等特点，一旦发生火灾将会非常危险，并可能引发大型伤亡事故，因此地铁站的消防系统必须全面可靠，水消防系统是指地铁内部各种消防设备的用水系统。水消防系统可以分为消火栓系统和喷淋系统。而消火栓系统又可以细分为车站消火栓系统和区间消火栓系统。

一、消火栓系统

消火栓在地铁地面车站、地下车站和高架车站都是主要的消防灭火设备，以水为介质灭火，地下车站的消火栓系统根据车站附近市政自来水管网实际情况，采用两路进水方式进入车站消防泵房，泵房内离心水泵直接从供水管道中抽水加压，消火栓管道出消防泵房后在车站内成环状布置，并与隧道内的消火栓管道连通。

消火栓系统主要设备有：消防栓、水泵接合器、消防水泵、管道和阀门、消火栓、水流指示器。

1. 消防栓

消防栓（图 3-6）是一种固定消防工具，主要作用是控制可燃物、隔绝助燃物、消除着火源。消防栓主要供消防车从市政给水管网或室外消防给水管网取水实施灭火，也可以直接连接水带、水枪出水灭火。

2. 水泵接合器

水泵接合器（图3-7）是根据 GB 50016—2014《建筑设计防火规范》为高层建筑配套的消防设施。通常与建筑物内的自动喷淋灭火系统或消火栓等消防设备的供水系统相连接。

当发生火灾时，消防车的水泵可迅速方便地通过该接合器的接口与建筑物内的消防设备相连接，并送水加压，从而使室内的消防设备得到充足的压力水源，用以扑灭不同楼层的火灾，有效地解决了建筑物发生火灾后，消防车灭火困难或室内的消防设备因得不到充足的压力水源无法灭火的问题。

水泵接合器按其安装形式可分为地上式、地下式、墙壁式和多用式。

图 3-6 消防栓

3. 消防水泵

消防水泵（图3-8）安装在消防车、固定灭火系统或其他消防设施上，用作输送水或泡沫溶液等液体灭火剂的专用泵。

图 3-7 水泵接合器

图 3-8 消防水泵

消防水泵因其全密封、无泄漏、耐腐蚀之特点，广泛被环保、水处理、消防等部门所采用，用来抽送各类液体，是创建无泄漏、无污染文明车间、文明工厂的理想用泵。消防水泵其性能、技术条件符合 GB 6245—2006《消防泵》标准的要求。

4. 阀门

阀门（图 3-9）是流体输送系统中的控制部件，具有截止、调节、导流、防止逆流、稳压、分流或溢流泄压等功能。用于流体控制系统的阀门，有简单的截止阀也有自控阀门，阀门可用于控制空气、水、蒸汽、各种腐蚀性介质、泥浆、油品、液态金属和放射性介质等各种类型流体的流动。

图 3-9　阀门

5. 消火栓

消火栓（图 3-10）是设置在消防给水管网上的消防供水装置，城市轨道交通车站的消火栓箱内有水枪、水带、消火栓、启动按钮等设备。消火栓按其水压可分为低压式和高压式两种；按其设置条件分为室内式和室外式以及地上式和地下式。城市轨道交通车站内的消火栓系统是连接区间和车站的环网系统，车站和区间均需设置消火栓。

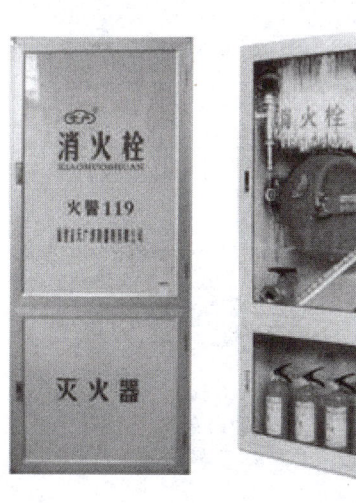 

图 3-10　消火栓

消火栓系统的控制：各车站的消防引入管及与相临地下区间的消防管路连接部位均设置电动蝶阀，由 FAS 监控设备的运行和工作状态，平时引入管阀门常开，区间消防管采用交替开阀方式，着火时相邻两站的电动阀全部开启。消防泵由 FAS 监控，采用压力自动控制，设计泵房内手动控制、消火栓箱内按钮启动、车站控制室和中央控制室同时遥控三种控制方式。车站及控制中心的控制室能显示消防泵的工作状态。消火栓箱内设有电话插孔和报警按钮。

知识链接：

消火栓使用方法：

(1) 打开或击碎箱门，取出消防水带

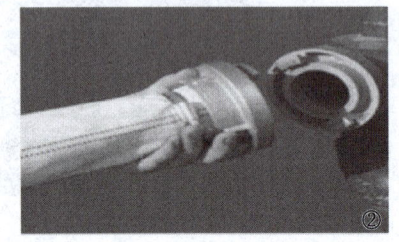

(2) 水带一头接在消防栓接口上

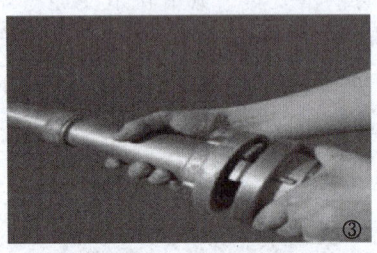

(3) 另一头接在消防水枪上

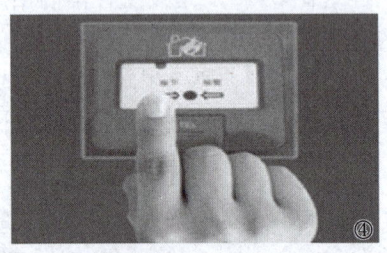

(4) 按下箱内消火栓启泵按钮

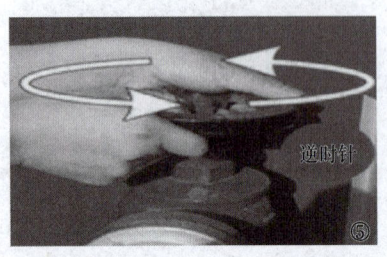

(5) 打开消火栓上的水阀开关

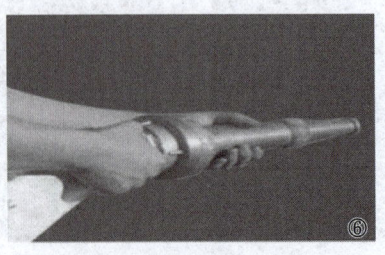

(6) 对准火源根部，进行灭火

注意事项：
1) 消火栓边上不要堆放任何物品。
2) 非火灾时不要使用。
3) 扑灭火灾后把水带晾干并复原状态。

二、喷淋系统

车站喷淋给水系统（简称喷淋系统）主要供给车站站厅、站台层公共区喷淋用水。喷淋系统是一种消防灭火装置，是一种固定消防设施，它具有价格低廉、灭火效率高等特征。

根据控制方式不同，喷淋系统可以分为人工控制和自动控制两种形式。人工控制就是当发生火灾时需要工作人员打开消防泵为主干管道供压力水，喷淋头在水压作用下开始工作。自动控制喷淋系统在发生火灾时，能自动打开喷头喷水灭火并统一时间发出火灾报警信号。自动控制喷淋系统具有自动喷水、自动报警和早期火灾降温等优点，而且可以和其他消防设施同步联动工作。

【技能训练】

任务一　给水排水系统日常巡查

一、实训目的

通过巡视任务，能够知道给水排水系统主要设备以及各指示状态含义，检查车站给水排水系统的运转情况，及时排除安全隐患。

二、实训准备

1) 巡视作业人员准备好必要的维护和防护工具，严禁携带易燃易爆物品。
2) 当需要停电巡视维护时，必须征得值班领导同意。
3) 给水排水系统设备用房钥匙。

三、实训内容

1) 保持水泵房通风换气，环境卫生清洁。
2) 检查水池的水位是否正常，水池盖、检查门必须锁好，无关人员不得借用钥匙。
3) 检查泵房供电是否正常，所有阀门应处于开启或关闭的正常状态。
4) 定期检查水泵、电机的紧固螺钉有无松动、轴承润滑油情况是否良好等。
5) 进行维修保养时，必须先切断电源，并挂上"有人工作，严禁合闸"的告示牌。
6) 发现有异常情况或自动失灵等，立即报告主管工程师，并留在现场观察。
7) 每班对泵进行检查后，认真填写给水排水系统巡查记录表，见表3-1。

表 3-1　给水排水系统巡查记录表

工单编号：　　　　　　　　　　　　　　　　　　　　车站名称：

序　号	检查内容与要求	检查结果	备　注
1	检查仪表工作是否正常、稳定		
2	检查水泵控制、显示是否正常		
3	检查管道、消火栓、水泵接合器是否漏水，检查水泵接合器盖、水带、水枪是否被盗		
4	检查区间管道支架螺栓是否松动，柔性卡箍、伸缩节是否严重变形，区间消火栓门是否能打开，消火栓是否漏水		
5	检查区间排水沟和集水井进水口是否有杂物		
6	检查地面压力池、化粪池是否被覆盖，盖板是否破损		
7	检查排水设备是否完好，周围环境卫生是否合格		
8	检查水泵螺栓是否连接完好		
9	检查电动蝶阀动作与反馈信号是否正常		
10	检查水泵启动是否频繁		

巡查人：　　　　　　　　　　　　　　　　　　　　　巡查日期：

四、实训考核

考核内容	考核标准	得　分
准备工作	钥匙携带正确、无遗漏（10 分）	
巡查过程	水泵及仪表显示（10 分）	
	管道（10 分）	
	消火栓（10 分）	
	水泵接合器（10 分）	
给水排水系统巡查记录表填写	填写规范，内容真实、完整（50 分）	
	合计	

任务二　水泵房日常巡视

一、实操目的

通过巡视任务，掌握水泵状态以及各仪表显示含义，检查车站给水排水系统的运转情况，及时排除安全隐患。

二、实训准备

1) 巡视作业人员准备好必要的维护和防护工具，严禁携带易燃易爆物品。

2) 当需要停电巡视维护时，必须征得值班领导同意。

3）给水排水系统设备用房钥匙。

三、实训内容

1）每日巡查：设备责任人检查下列项目并填写水泵房巡查记录表，见表3-2。
2）检查水泵进出水压力表及供水系统各压力表读数是否正常、稳定。
3）检查水泵进出水口橡胶软连接是否正常、完好。
4）排除水泵填料盒过热及不正常滴漏现象。
5）排除系统各阀门漏水现象，检查各阀门开关位置是否正常，与标志是否一致。
6）检查电机温度是否正常，水泵及电机运转有无异常声音。
7）检查水泵控制箱/柜指示灯显示是否正常，电流、电压表指针是否偏离正常范围，变频器液晶显示是否正常，控制箱/柜内空气开关、交流接触器、热继电器等电气元件是否过热。

表3-2　水泵房巡查记录表

工单编号：　　　　　　　　　　　　　　　　　　　　车站名称：

序　号	检查内容与要求	检查结果	备　注
1	检查供水泵、消防运行泵号及状态是否正常、稳定		
2	检查供水泵出水压力、电压、电流，供水泵变频柜显示是否正常		
3	检查消防水泵出水压力、电压、电流，消防水泵变频柜显示是否正常		
4	检查控制柜元件有无过热接线，是否松动		
5	检查泵房各处接地点是否松动		
6	水泵电机是否过热和有无异味		
7	水泵联接良好，有无异声和渗漏		
8	供水水箱、消防水池水位是否正常		
9	水泵房照明及温湿度是否正常		

巡查人：　　　　　　　　　　　　　　　　　　　　　巡查日期：

四、实训考核

考核内容	考核标准	得　分
准备工作	钥匙携带正确、无遗漏（10分）	
巡查过程	各项检查内容完整、操作规范：水泵及仪表显示（10分）	
	管道（10分）	
	消火栓（10分）	
	水泵接合器（10分）	
水泵房巡查记录表填写	填写规范、内容真实、完整（50分）	
合计		

任务三 给水排水系统常见故障处理

一、实操目的

掌握给水排水系统管道漏水、水泵故障、防汛防洪等问题的简单处理流程,避免人员受伤、财务损失。

二、实训准备

地铁给水排水系统仿真模拟实训设备。

三、实训内容

给水排水系统常见故障处理见表3-3。

表3-3 给水排水系统常见故障处理

常见故障	处理措施
管道发生严重漏水	立即关闭漏水处管道阀门,并及时维修漏水处,必要时采取一些应急的防范措施,并及时通知有关部门进行抢修
水泵发生故障	① 立即将水泵控制状态置于手动或检修档,切断水泵电源 ② 如有备用泵,立即使用
排水系统排水不畅	① 检查潜污排水泵的电气线路 ② 检查潜污排水泵的叶轮是否有杂物堵塞,叶轮扎头螺母是否松动 ③ 检查排水管阀门是否完全打开 ④ 检查排水干管是否堵塞。
其他设备故障	可视其影响范围大小,将设备置于正常或非正常方式运行,设备故障时,各位水泵、阀门应标示相关故障牌
预防或应对洪涝灾害	① 立即调配足够的人力、物力进行防洪工作 ② 检查机电设备,保证排水泵正常运行 ③ 若水情严重,管理处工程负责人应及时向公司其他部门请求支援 ④ 必要时需关闭地下室防洪闸或用沙袋堵住需保护的设备间房门,并派专人检查排水泵运行情况及水位

四、实训考核

考核内容	考核标准	得 分
说出地铁给水排水系统常见故障及处理方式	管道发生严重漏水(10分)	
	水泵发生故障(10分)	
	排水系统排水不畅(20分)	
	其他设备故障(10分)	
	预防或应对洪涝灾害(20分)	
分小组模拟故障应急处理	正确、规范地完成故障模拟演练,注意具体要求细节处理(30分)	
合计		

【小案例】——居安思危，防患于未然

深夜，武汉市东西湖区地铁三金潭控制中心灯火通明，6号线指挥调度中心的电话、调度命令声此起彼伏，由武汉市应急管理局主办、武汉地铁承办的地铁突发水灾实战应急演练正在紧张进行。

演练现场设置多个仿真场景，当海口三路站B出入口外积水没过第一级台阶，车站立即组织工作人员安装防淹挡板、堆垒防汛沙袋。当站外积水水位上涨至与出入口平台齐平，车站立即关闭出入口，电力环控调度员调集救援队伍和大功率高扬程排水泵至现场。当站外积水超过平台倒灌涌入站内时，值班站长关闭车站、释放闸机、疏散乘客，所有列车在该站上下行通过不停车并以人工模式限速运行加以防护，地铁应急救援队开展排水抢险工作。当积水灌入车站进入行车区间并快速上涨至轨面时，列车司机作为现场第一处置人，结合积水情况判断列车不具备通行条件立即停车，报告行车调度员需立即紧急疏散乘客。相邻车站工作人员接到疏散乘客命令后，在区间疏散平台断点处拉起安全引导绳，车内108名"乘客"在多名工作人员的监护和引导下，依次安全行进至站台出站。

防洪演练检验了城市轨道交通线路与车站各个岗位应对突发事件的应急处置能力，提升了员工的安全责任意识。

【课后习题】

一、多选题

1. 城市轨道交通给水排水系统包括（　　）。
   A. 给水系统　　　　　　　　　B. 排水系统
   C. 水消防系统　　　　　　　　D. 喷淋系统
2. 按照水的性质，排水系统包括（　　）。
   A. 污水系统　　　　　　　　　B. 废水系统
   C. 给水系统　　　　　　　　　D. 消防系统
3. 水消防系统的设备组成包括（　　）。
   A. 消防栓　　　　　　　　　　B. 水泵接合器
   C. 消防水泵　　　　　　　　　D. 管道和阀门

二、简答题

1. 城市轨道交通车站给水排水系统的主要任务是什么？
2. 给水排水系统常见故障有哪些？如何进行故障处理？
3. 简述城市轨道交通车站排水流程。

04

单元四 消防系统

【学习导入】

　　城市轨道交通中可能发生的灾害主要有行车事故、火灾、水灾、雷击及地震等。对雷击和行车事故很难事先报警,只能在设计时采取预防措施,以提高运行的可靠性和安全性。对水灾、地震一般可直接接收有关部门的预报信息,不另设轨道交通专用的报警系统。火灾发生的概率高,且危害严重、损失大,为了尽早探测到火灾的发生并发出警报,在城市轨道交通中通常设有消防系统。

　　城市轨道交通系统以其运量大和快捷的优势在城市交通中担当着十分重要的角色,一旦发生事故和灾害将会产生巨大的影响。尤其在地下车站和隧道发生火灾,人员疏散、救生和灭火都十分困难,造成的灾难和损失将难以估量。因此,必须设置完善的消防系统,对可能发生的灾害进行自动监视,及早发现灾情,并针对发生的灾情采取应对措施。

【学习目标】

能力目标
1. 能够对火灾自动报警系统进行维护操作。
2. 能够对烟烙尽气体灭火系统进行维护操作。

知识目标
1. 掌握火灾自动报警系统的组成。
2. 掌握火灾自动报警系统的功能。
3. 掌握火灾自动报警系统的控制模式。

4. 掌握气体灭火系统常用灭火介质。
5. 气体灭火系统工作原理。
6. 气体灭火系统的日常维护。

素质目标
1. 安全操作消防系统的意识。
2. 火灾自动报警系统的运用能力。
3. 认识设备的能力。
4. 团队合作能力。

 课题一　火灾自动报警系统

火灾自动报警系统简称 FAS，用于及时通过自动（各类探测器）或手动（手动报警器）的方式发现现场的火情，并在 FAS 主机上进行报警，在人员对火灾情况进行确认后，打出相关设备的联动指令，目的是保障城市轨道交通正常有序地运营，避免或降低由于灾害而造成的人员和财产损失。

FAS 分布在站厅、站台、一般设备用房和办公用房等位置，能监视车站消防设备的运行状态，接收车站火灾探测器、手动报警按钮等现场设备的报警信号并显示报警位置；优先接收控制中心发出的消防救灾指令和安全疏散命令，并能在火灾发生时发出模式指令使机电设备监控系统运行转入火灾模式，实现消防联动。同时可通过事故广播系统和闭路电视系统组织疏散乘客，对自动气体灭火系统保护区域进行火灾监视，达到及早发现火灾，通报并发送火灾联动指令的作用。

FAS 的设计应贯彻"预防为主，防消结合"的方针，以达到报警早、损失少、保护人身和财产安全的目的。系统应具有可靠性、实用性、先进性、经济性，并应符合国家现行的有关强制性条文的规定。

一、火灾自动报警系统的组成

火灾自动报警系统一般包括火灾探测器、火灾报警控制器和火灾联动控制装置。

1. 火灾探测器

（1）概述　火灾探测器是火灾自动报警系统中最重要的组成部分，是消防报警系统的"感觉器官"。它的作用是监视环境中有没有发生火灾，一旦发生了火情，它便将火灾发生后的物理量，如温度、烟雾浓度、气体和辐射光强等特征转换成电信号，向火灾报警控制器发送信号报警，由报警控制装置发出报警的声光信号，并同时显示火灾发生的部位，记录火灾发生的时间。

火灾自动报警装置包括区域火灾报警器和集中火灾报警器，区域火灾报警器是将一个防火区的火警信号汇集到一起，进行报警显示，并输出火灾信号给集中火灾报警器；集中火灾报警器是将所监视的各个探测区的区域报警器所输出的电信号以声光的形式显示出来,并向消防联动控制系统设备发出指令。对于大型地下车站,由于其控制设备和房间布置复杂,因此需要将多台区域报警控制器所警戒的区域进行集中管理,即与集中报警控制器配套使用,组成集中报警系统便于火灾发生时的集中指挥灭火。火灾警报装置是火灾发生时以声、光、语音等形式给人以警示的一种消防设备,常用的有警铃、声光报警器及警笛等。

(2) 种类

1) 根据监测的火灾特性不同,火灾探测器可分为感温、感烟、感光及复合等类型,每个类型又根据其工作原理的不同而分为若干种。

感温火灾探测器是响应异常温度、温升速率和温差的火灾探测器,分为定温火灾探测器、差温火灾探测器和差定温火灾探测器三种。定温火灾探测器是一种在温度达到或超过预定值时响应的火灾探测器;差温火灾探测器是升温速率超过预定值时响应的感温火灾探测器;差定温火灾探测器是兼有差温、定温两种功能的感温火灾探测器。感温火灾探测器如图 4-1 所示。

图 4-1 感温火灾探测器

感烟火灾探测器是响应燃烧或热解产生的固体或液体微粒的火灾探测器,能探测物质燃烧初期产生的气溶胶或烟雾粒子浓度。气溶胶或烟雾粒子可以改变光强,减小电离室的离子电流以及改变空气电容器的介电常数。由此,感烟火灾探测器又可以分为离子型、光电型、电容型和半导体型。

感光火灾探测器又称为火焰探测器,是响应火焰辐射出的红外、紫外、可见光的火灾探测器。

气体火灾探测器是响应燃烧或热解产生的气体的火灾探测器。在易燃易爆场合中主要探测气体或粉尘的浓度,一般调整在爆炸下限浓度的 1/5～1/6 时动作报警。

复合式火灾探测器是响应两种以上火灾参数的火灾探测器,主要有感温感烟火灾探测器、感光感烟火灾探测器、感光感温火灾探测器等。

2) 根据感应元件的结构不同,可分为:

① 点型火灾探测器。对警戒范围中某一点周围的火灾参数做出响应。

② 线型火灾探测器。对警戒范围中某一线路周围的火灾参数做出响应。

3) 根据操作后是否能复位,可分为:

① 可复位火灾探测器。在产生火灾报警信号的条件不再存在的情况下，不需要更换组件即能从报警状态恢复到监视状态。根据复位的方式不同，又可分为以下三种：自动复位火灾探测器，能自动地恢复到监视状态；遥控复位火灾探测器，通过遥控操作能恢复到监视状态；手动复位火灾探测器，通过手动调节能恢复到监视状态。

② 不可复位火灾探测器。在产生火灾报警信号的条件不再存在的情况下，需调换组件才能从报警状态恢复到监视状态或动作后不能恢复到监视状态。

4）根据其维修保养时是否可拆，可分为：

① 可拆式火灾探测器。

② 不可拆火灾探测器。

（3）火灾探测器的选用　根据火灾的特点选用探测器时，应符合下述要求：

1）在火灾初期阶段，能产生大量烟和少量热的，很少或没有火焰辐射的，选用感烟探测器。

2）火灾发展迅速，能产生大量热、烟和火焰辐射的，选用感烟探测器、感温探测器、火焰探测器或它们的组合。

3）对情况复杂或火灾形成特点不可预料的，可进行模拟，根据试验选用适宜的探测器。

2. 火灾报警控制器

火灾报警控制器是火灾自动报警系统的重要组成部分，是系统运行的指挥中心，主要担负整个系统监视、控制、显示、报警、信息记录和档案存储等功能。在正常运行时，监视探测器及系统自身工作状态；有火灾时，接收、转换、处理火灾探测器输出的报警信号，并将其转换成声光报警信号，进行声光报警，指示报警部位，记录报警信息，并通过自动控制灭火装置启动自动灭火设备和消防联动控制设备。火灾报警控制器如图4-2所示。

3. 火灾联动控制装置

火灾联动控制装置担负着为火灾探测器提供稳定的工作电源；监视探测器及系统自身的工作状态；接收、转换、处理火灾探测器输出的报警信号；指示报警的具体部位及时间；进行声光报警；同时执行相应辅助控制等诸多任务。火灾报警联动控制器是联动报警系统中的核心。基本功能主要有：主电、备电自动转换，备用电源充电功能，电源故障监测功能，电源工作状态指示功能，为探测回路供电功能，探测器或系统故障声光报警，火灾声、光报警，火灾报警记忆功能，时钟单元功能，火灾报警优先报故障功能，报警器消声及再次声响报警功能。

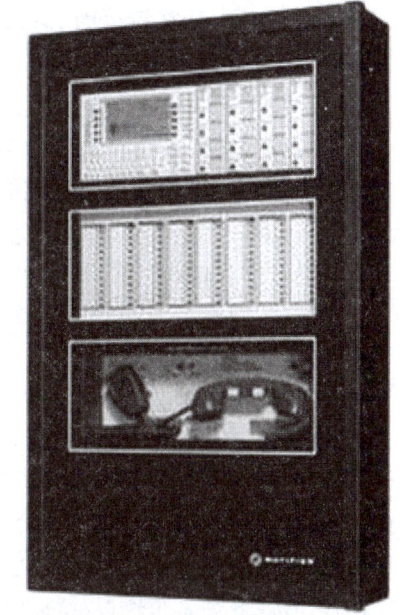

图4-2　火灾报警控制器

火灾联动控制装置能够同时启动自动灭火系统的控制装置，室内消火栓系统的控制装置，防烟排烟系统及空调通风系统的控制装置，常开防火门，防火卷帘的控制装置，电梯回降控制装置，以及火灾应急广播、火灾警报装置、消防通信设备、火灾应急照明与疏散指示标志的控制装置等控制装置中的部分或全部。

二、地铁火灾自动报警系统的构成

地铁火灾自动报警系统主要由设置在各车站、区间隧道、控制中心大楼、停车场、主变电站等与地铁运营有关建筑与设施的火灾报警系统设备以及相关的网络设备和通信接口组成，采用控制中心的中控级和车站二级监控管理方式。

1. 中央级 FAS

中央级 FAS 设于控制中心的中央控制室内，实现对全线防灾系统的集中监控和管理，主要由火灾报警控制器、操作工作站及网络设备等组成。

中央级 FAS 侧重于上层的救灾指挥和协调功能，主要负责对地铁全线各车站、车辆段、停车场、主变电所、控制中心大楼的火情监视，防救灾设备的管理和灾害时的组织指挥工作，具体功能如下：

1）监视全线火灾自动报警系统设备的运行状态，接收全线各车站、车辆段、停车场、主变电所、控制中心大楼的火灾报警信息。

2）记录并显示全线所有消防设备的运行状态，当被控设备出现故障或状态发生变化时应发出声响并记录、打印发生故障的时间及地点等。

3）对系统存储操作人员的各项操作记录、设备离线的故障报警及网络的故障报警进行自检记录等。

4）可将历史记录等报告内容进行整理归纳并存储到存储器上，也可随机形成报表并打印。

5）储存并实时打印设备维修及故障等其他各项记录。

6）火灾自动报警系统可通过相关接口，将火灾信息发送给信号系统。

7）控制中心火灾自动报警系统能接收由通信专业提供的主时钟信息，使火灾自动报警系统与时钟同步。

8）可通过操作电视监控系统的键盘和显示终端确认火灾现场的灾情，根据火灾的实际情况，向有关区域发出消防救灾指令及安全疏散指令，并通过通信工具来组织、指挥救灾工作。

9）具有可操作权限时应对各站点的控制器进行在线编辑及程序下载，修改现场参数。

2. 车站级 FAS

车站级 FAS 由车站火灾报警控制器、手动报警按钮、消防专用电话、电话插孔、控制联动设备、本管辖区域内的各种探测器、信号输出模块及图片显示终端等现场设备构成。

车站级 FAS 在各车站、控制中心大楼等消防设备室设火灾报警控制器，能对其管辖范围进行消防监督管理。车辆段、停车场信号楼控制室设火灾报警控制器，作为车站级的火灾自动报警系统控制器，并与全线火灾自动报警系统直接联网。主变电所视车站情况，设置联动型火灾报警控制器或区域火灾报警控制器。联动型火灾报警控制器可作为车站级的火灾报警控制器，并与全线火灾自动报警系统直接联网；区域火灾报警控制器应接入主变电所相邻车站的火灾报警控制器，将主变电所的报警、联动信息及其他状态实时送至车站控制级火灾报警控制器，再由车站控制级送至控制中心中央级火灾报警控制器。

车站级 FAS 具体功能如下：

1）能将火灾报警系统的信息通过网络传送到控制中心中央级火灾自动报警系统。

2）火灾探测器能实时监视火灾信息，当发生火灾报警时，能在控制器及监控工作站上发出声光报警，显示火灾发生的时间、位置等信息并实时打印。

3）通过自诊断，对系统的控制器、探测器、回路、内部模块及监控模块等进行自检和故障诊断，当发生故障时可以发出相应的声光报警、记录并实时打印。

4）车站火灾报警控制器能接受控制中心中央级紧急控制命令，并自动执行。根据控制中心中央级的命令，控制车站有关消防设备投入灭火抢险救援工作。

5）能实现与设备监控系统的联动控制功能。

6）监视车站及所管辖区域消防设备的运行状态。

3. 现场设备

现场设备是火灾报警系统的基础，火灾发生的第一时间，通过这些现场设备探测到火灾发生并发出警报，以便呼叫消防人员，疏散人员，执行相关的联动措施。下面对主要现场设备的设置及功能分别进行介绍。

（1）智能化光电式感烟探测器　在车站各设备房、管理用房、站台、站厅及通道等区域，均设置带地址码的智能化光电式感烟探测器。感烟探测器具有探测火灾和向 FAS 车站主机发送火灾信息的功能；感烟探测器的内置微处理器能独立运行，如果火灾探测器与火灾自动报警控制机之间的通信故障时间超过预定时间，则自动转为独立运行模式。感烟探测器能采集并分析其周围信息，当周围环境达到预定报警值时，感烟探测器则报警。

光电感烟式探测器是利用起火时产生的烟雾能够改变光的传播特性这一基本性质而进行火灾探测的。根据烟雾粒子对光线的吸收和散射作用，光电感烟式探测器又分为遮光型和散光型两种。

1）遮光型感烟式探测器。遮光型感烟式探测器由一个光源和一个光敏元件对应装置在小暗室里构成。在无烟的情况下，光源发出的光通过透镜聚成的光束照射到光敏元件上，并将其转换成电信号，使整个电路维持正常状态，不发生报警。当火灾发生并产生烟雾时，光源发出的光线受烟雾粒子的散射和吸收作用，使光的传播特性发生改变，光敏元件接收的光强明显减弱，电路正常状态被破坏，发出报警信号。

2）散光型感烟式探测器。散光型感烟式探测器是由一个光源和一个光敏元件对应装置在小暗室里构成。在无烟情况下，光源发出的光不能照射到光敏元件上，使整个电路维持正常状态，不发生报警。当火灾发生并产生烟雾时，光通过烟雾粒子反射或散射到光敏元件上，光信号转换成电信号，经放大电路放大后，驱动报警装置发出报警信号。

（2）智能感温探测器　智能感温探测器设置在大型停车库等场所。若疏散通道口处设置了防火卷帘门，则防火卷帘门两边应分别设置一组感温、感烟探测器。其主要功能与智能化光电式感烟探测器相同。

（3）红外光束感烟探测器　红外光束感烟探测器设置在停车场检修库、检修车间、运用库、主变电站设备房、材料库等高大厂房内，主要具有该区域的火灾探测和向 FAS 车站主机发送火灾信息的功能。

（4）线型感温电缆　线型感温电缆设置在变电所电缆夹层、站台板下电缆夹层及折返线和停车线上。感温电缆按电缆桥架分层，蛇形走向布置，并延长到强电电缆竖井内，主要具有该区域的火灾探测和向 FAS 车站主机发送火灾信息的功能。

（5）手动报警按钮　一般情况下，在设置消火栓的地方均设置手动报警按钮，用于发现火灾的现场人员向车站控制室发出火灾信息，将信号传送至火灾报警控制盘，由火灾报警控制盘发出命令到消火栓泵控制箱，启动相应的消火栓泵并接收其反馈信号。在出入口通道、站台层、站厅层及设备房等区域设置带地址码的手动报警按钮。报警区域内每个防火分区，至少设有一个手动火灾报警按钮。从一个防火分区内的任何位置到最邻近的一个手动火灾报警按钮的步行距离，应不大于 30m。在上述区域中，若设有消火栓箱，手动报警按钮则安装在靠近消火栓箱处明显可见和便于操作的墙上，其底部距地高度为 1.3～1.5m。

为防止误动作，手动报警按钮一般采用玻璃罩罩起，当火灾发生时，可将玻璃罩敲碎，按下"报警"按钮进行报警。手动报警按钮如图 4-3 所示。

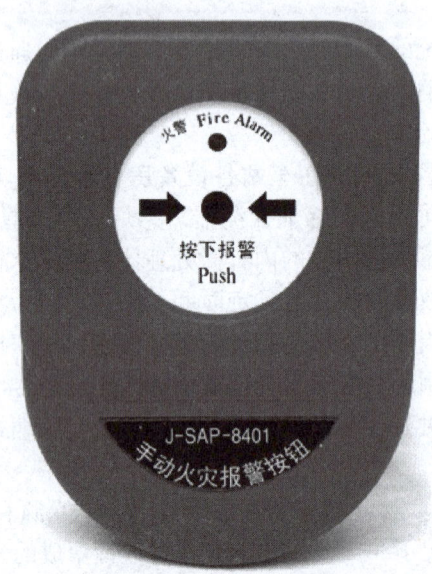

图 4-3　手动报警按钮

（6）消防电话插孔　在公共区及设备管理区设置消防电话插孔，消防电话插孔与手动报警按钮并排布置。消防电话插孔如图 4-4 所示。

（7）输入模块　具有对感温电缆的报警检测及设备运行状态的检测功能。

（8）输出模块　用于控制消防专用排烟风机、消防管路上的电动蝶阀、正压送风机、防火卷帘、警铃等消防设备的启停。

（9）消防对讲电话　在车站控制室、消防控制室、气体保护房间、消防水泵房、通风机房等重要的房间门外设置壁挂电话，用于消防报警。FAS 在控制中心设专用外线电话用于消防报警；车站级 FAS 设置一套独立的消防专用电话网络。

（10）警铃、警灯　在火灾自动报警系统中，用以发出区别于环境声、光的火灾警报信号的装置称为火灾警报装置。警铃，是用声音传播火灾报警信号的一种电气设备，属火灾警报装置中的一种。

为防止发生火灾时乘客的惊慌，在车站的公共区、出入口不设警铃，在停车场、主变电站、车辆段及控制中心等相关地面建筑单独设置警铃。警铃大部分安装于建筑物的公共空间部分，如走廊、大厅等。

警铃由控制盘的电源进行供电，通过控制模块进行控制。当发生火灾并确认后，由火灾报警控制盘发出命令至控制模块，控制模块动作，继电器接点闭合，警铃鸣响；当需要消除警铃声时，在火灾报警控制盘上按消音键，可使警铃控制模块复位，继电器接点断开，警铃失电，停止报警。警铃如图4-5所示。

图4-4 消防电话插孔

图4-5 警铃

（11）气瓶　用于自动气体灭火的气瓶，存放于车站气瓶间中，气瓶间外部由RP盘进行控制，按下RP盘下方的手动"启动"按钮，可控制气瓶间气瓶的开启，进行喷气灭火；但在延时时间内（30~40s），可按下手动"停止"按钮，紧急切断控制信号，终止气瓶的启动。

在RP盘自动控制气瓶开启无效的情况下，需要到相应的气瓶间找到相应的气瓶，手动拔除电磁瓶头阀上的制动簧片，压下手柄，从而打开电磁瓶头阀，手动开启气瓶。

手动开启气瓶时需要注意以下几点。

1）确保保护区内无人且防火门关闭。

2）确保找到需要手动开启的气瓶。

3）确保联动设备已进入防排烟工作模式。

4. 消防联动控制系统

消防联动控制系统是火灾报警系统中的重要组成部分，是火灾确认后向消防设备、非消防设备发出控制信号的处理单元。

当系统探测到本区域发生火灾时，火灾报警系统自动将火灾信号发送给车站自动售检票系统，由自动售检票系统控制闸机打开，利于乘客逃生疏散；将火灾信息发送给门禁系统，由门禁系统控制相关区域门打开；将火灾信息发送给电力监控系统或降压变电所三类负荷开关柜，由电力监控系统或降压变电所开关柜切断三类负荷；将火灾信息发送给车站广播系统，由公共广播系统自动转换到火灾紧急广播状态。

FAS所有的防排烟系统联动控制功能由机电设备监控系统（BAS）实现。FAS和BAS在各车站均设有自动控制接口，通过车站的数据接口，向设备监控系统发出报警信息和模式指令，FAS发出的指令具有最高优先权，当发生火灾时，通过车站的自动控制接口，FAS发出指令，按指令BAS将其所监控的设备运行转换为预定的火灾运行模式。

火灾自动报警系统接收气体灭火系统的二次报警信息、故障信息、气体喷放信息及手动/自动状态信息。气体灭火系统保护房间的防火阀由气体灭火系统直接控制，火灾自动报警系统显示防火阀的状态,当需要控制其他灭火系统保护房间的防火阀时,火灾自动报警系统将控制指令发至气体灭火控制盘,由该控制盘控制。

火灾发生时火灾自动报警系统将控制指令发送到直升电梯控制器,将直升电梯降到首层,并将直升电梯的状态反馈给火灾自动报警系统。

5. 消防通信系统

消防通信系统主要有消防广播、电话及电视监控等。

(1) 消防广播 火灾自动报警系统在车站不单独设置紧急广播,而是与车站通信系统设置的公共广播合用,平时为车站广播用。火灾时,能在消防控制室将广播音响强行切转到火灾事故广播状态,火灾事故广播具有优先权。火灾确认后,发送给广播系统一个火灾信号,将公共广播自动转换为紧急广播,引导乘客疏散。在不设置公共广播的控制中心大楼及车辆段综合楼等区域,由本系统设置消防紧急广播。

在设置了自动报警设施而未设置防灾应急广播的场所,如车辆段(停车场)的部分建筑物应设置火灾警报装置,一般采用警铃。

(2) 电话 消防指挥中心设专用电话用于向公安消防部门报警。

FAS 在车站内设有消防报警电话插孔,而在区间隧道则与轨旁电话系统合用,并结合有线和无线通信系统的使用,实现消防指挥通信系统的全部功能。站内及轨旁电话系统在各消防控制室、值班室、消防水泵房和通风空调机房设置直达通话机;区间隧道设置轨旁电话机。

FAS 在高低压室、通信设备室、信号设备室、环控电控室和屏蔽门设备室等气体灭火保护房间门外的墙上设置固定通话机。

在有线通信系统中消防指挥中心设置调度电话总机,各消防控制室设置调度分机。消防指挥中心调度员可对设于各消防控制室的分机进行单呼、组呼、全呼;分机可对中心调度员进行一般呼叫和紧急呼叫。

火灾自动报警系统在消防控制室和重要设备用房等处设置固定消防电话,并与消火栓箱旁所设置的电话插孔构成通信回路。

1) 有线电话包括防灾调度电话、消防对讲电话和报警的外线电话。

全线防灾调度电话应在控制中心设对讲电话总机,在各防灾控制室、防灾直线管理部门应设调度电话分机。

消防对讲电话在防灾控制室内应设对讲电话总机,变配电值班室、消防泵房、放置气体自动灭火装置的房间门外、防排烟风机房、设气体自动灭火钢瓶间等与防灾救灾直接相关的场所,应设置对讲电话分机。手动报警按钮和消防栓按钮处应设置对讲电话插孔。

控制中心、车站和车场的防灾控制室应设可直接向消防部门报警的外线电话。

2) 无线电话包括控制中心和车站防灾控制室设置的可与列车司机对讲的无线电话分机。地下车站及区间应设置公安、消防无线引入系统,将公安及消防无线调度专用信号引入地下车站和区间,且同时满足公安、消防统一调度的要求。

(3) 电视监控 火灾自动报警系统与行车调度共用一套电视监控系统。在消防指挥中心设置切换装置和监视终端,在各车站控制室宜与行车管理等共用一套切换装置和显示终端。火灾时,能通过手动切换装置对所设的电视监控系统显示终端进行镜头切换,实现对火灾区域的实时监控。电视监控应与防灾报警系统联动,自动将灾害场面切换到车站和控制中心的防灾控制室的监视器上显示，并自动录像。

在车站防灾控制室内，应能监视楼梯口和疏散通道的情况、站台层乘客上下车情况。在控制中心的防灾控制室内，可人工选择车站的相关画面显示。

6. 网络系统

FAS 全线网络为独立的光纤环网，图形控制中心 PC 和各车站级 FACP 分别是网络上的一个节点，各节点同层。为了保证全线网络可靠性，采用闭环通信方式，在通信线路上发生单点故障时仍可保证系统的运作，当发生单点断开、单点接地、线间短路、开路或接地故障时仍能具备信号传输能力。在出现多点故障时，网络重新配置成多网络，系统将对每个传送及接收网络信息节点继续做出反应。本机的响应因其数据驻留在每个节点上而总是被执行，保持了系统最大限度的生存能力。图形控制中心两台 PC 是网络上的两个节点，当主监控机发生故障时，另一台 PC 能在人工干预下迅速切换为主监控机，使两台 PC 互为备用。

FAS 全线网络的通信传输介质为光纤，每个节点使用通信专业提供的光缆里的 4 根光纤。

网络系统一般由中央级和车站级二级系统构成。

（1）中央级　各个车站的火灾报警主机需要通过上层网络实现联网通信，上层网络一般可采用电缆、光缆及调制解调器三种信息传输方式，FAS 全线信息传输一般由通信传输系统实现。

在火灾报警控制器上配置有网络通信卡，可选用双绞线电缆和单/双模光缆。电缆的通信传输距离一般不大于 1500m，而采用光缆其传输距离则可达数万米。

（2）车站级　车站级的传输线路对整个系统的可靠性影响较大，并随系统的增大而扩大。目前根据探测器种类不同将传输线路分为总线制、多线制、二线制链式连接方式。

总线制传输线路成本较低，数量较少，合计故障率大为降低。总线制又分为二、三、四总线，其中二总线传输线路又比三、四总线传输线路好，为当前主流传输线路。总线制传输线路大多采用树形接线方式，即通常所说的并联接线方式，优点是接线简单、方便，容易扩容；缺点是一旦总线回路出现短路或开路，则整条回路全部失效。

多线制传输线路成本高，数量很多，但施工难度大，合计故障率高，基本属于淘汰性产品。

链式连接方式是二线制方式的一种，主要特点有：回路用线量少，可分别识别每只探测器的正常、故障或火灾报警等状态，回路可连接成环形。因此，回路出现短路或断路故障时，系统可通过双向供电保证回路中其他探测器正常工作，并迅速查找故障点，即回路具有自我保护能力。

车站采用的传输方式为链式连接方式，传输介质一般选用适合地铁强电磁干扰环境即可，配置简单，维护管理方便。

7. FAS 局域网

在控制中心、车站、车辆段（停车场）应分别设置一台火灾报警控制器和一台专用消防联动控制设备，全线组成局域网。系统应采用独立的传输网络，网络宜采用环形网，网络传输宜采用光纤，网络节点间的光纤宜与通信系统统一敷设。控制中心应设置模拟屏，模拟屏应与其他系统综合设置。车站应设置 CRT 显示器，电源应由 UPS 装置提供。

8. 报警子系统

报警分为自动和手动两类，自动报警采用火灾探测器向控制室报警，手动报警采用手动报警按钮或电话向控制室报警。

1）控制中心楼及地下车站的各种设备机房、走廊、会议室、办公室、配电室（间）、控制室、电缆通道、电缆竖井、电缆夹层及其他管理用房应设置火灾探测器。

2）地面和高架车站的各种设备机房、配电室（间）、电缆通道、电缆竖井、电缆夹层、控制室及其他重要管理用房应设置火灾探测器。

3）在控制中心的走廊，在车站的站厅层公共区、站台层公共区及走廊等公共区，在地下区间隧道、超过60m长的封闭行人通道，在车辆段（停车场）中设置火灾探测器的建筑物内均设置手动报警按钮。

4）车辆段（停车场）的停车库、检修库、信号楼、变电所、存储可燃物品的库房、重要文件档案室应设置火灾探测器。

9. 控制子系统

控制分自动和手动两类，自动控制通过模块实现；手动控制通过开关、硬线及继电器实现。

FAS的控制电源采用直流24V，为避免在同一瞬间控制电流过大，一般采取以下措施：

1）当采用一个模块控制几个被控对象时，不宜采用并联动作，应采用串联动作。即当第一个被控设备动作后，用第一动作完成后的反馈信号去起动下一个被控设备的动作，直至最后一个被控设备的动作完成并输出最终的反馈信号。采用串联动作的设备数量不要太多，最好控制在2~5个，且分布不宜太散、太远。

2）软件编制时将控制命令按照顺序分开，尽量不要有太多的控制点同时动作。

10. 时钟子系统

FAS的时钟应与全线其他系统的时钟一致，一般采取控制中心的火灾报警控制器接收全线时钟系统校时信号，并对车站的火灾报警控制器提供时钟校时信号的方式。

11. 消防电源子系统

系统应设有主电源和直流备用电源。系统的主电源应按一级负荷供电，由两个独立的电源在防灾控制室进行自切。直流备用电源应采用火灾报警控制器内的专用蓄电池。

12. 接地方式

系统接地宜采用共用接地方式，接地电阻值应不大于1。

三、火灾报警系统的功能

城市轨道交通火灾报警系统的功能分为中央级功能、车站级功能和就地级功能。

1. 中央级功能

FAS中央级功能主要是监视城市轨道交通控制中心大楼、全线各车站、车辆段、区间隧道及主变电站等下属所有区域的火灾报警、消防联动和故障情况，在火灾发生时承担全线防灾指挥中心功能。

1）接收控制中心、全线车站、车辆段及主变电站的火灾报警信息并显示报警部位，声光报警系统发出声、光火灾报警信号后，打印机能实时打印火灾报警发生的时间、地点及火灾类型等信息；通过网络向火灾所属区域的消防设备发布命令，指令进入火灾报警处理模式。

2）系统编辑功能：系统编辑功能具有两种，一种是在线编辑功能：即全线的维护人员可直接在现场编辑或通过工作站添加系统设备，自定义设备。另一种是离线编辑功能：即现场设备的定义和参数修改可在办公室的计算机上完成，经编译转换后，到现场发送到火灾报警控制器上。

3）通过火灾报警网络接收并储存全线消防设备的运行状态信息，远程监视就地级消防设备的运行状态。主机通过显示画面和数据表格提供现场的监视信息。

4）存储记录功能：存储事件和操作人员的各项操作记录，主要包括火警监视、故障状态及设备维修等信息。

5）网络自诊断功能：FAS 主机具有自诊断网络功能，可及时判断网络故障的位置及原因，并按事件方式进行报警。

6）历史档案功能：即各报警及事件等信息记录的归档处理功能，操作人员可根据要求随时进行信息的查看和打印输出。

7）与其他子系统的协调配合功能：

防灾指挥中心及各车站设置与列车司机联系的无线电话。防灾指挥中心设置与市消防局联系的专用外部电话，并设置消防调度电话总机，车站设置消防调度电话分机。在消防控制中心设置与闭路电视监视系统的切换装置和显示终端时，切换为防灾监视。在发生火灾时，防灾指挥中心将广播系统强制转入消防广播状态。

2. 车站级功能

FAS 车站级具有监视、报警、控制以及与其他系统的联动等功能。

（1）监视及报警功能　正常情况下，设在各车站的防灾报警分机通过探测器和信号输入模块，对消防设备的运行状态及火灾状态进行实时监测。同时，FAS 对其内部的部件状态也进行实时监测，通过火灾报警网络连接的各控制器和通信网络也在进行自动监测。所有的监测信息都将传送到控制中心的消防监控工作站，并通过控制中心的综合监控网络形成实时信息，供整个综合监控系统共享。在火灾发生后，通过自动和手动确认火灾信息，进行报警。

（2）网络通信功能　各防灾报警分机通过环形光纤，构成全线火灾自动报警网络系统。各站点的分机均为该网络上的节点，各分机具有与防灾指挥中心进行信息交换的功能。同时，各分机之间也具有信息交换的功能，特别是相邻站之间可相互进行火灾报警的信息传送，使得当某一站发生火灾报警时，相邻车站也可同时接收到此火灾报警信息，并根据此信息及时进行行车组织和采取必要的救灾措施。

（3）监控功能

1）对气体灭火系统的监控。防灾报警分机接收气体灭火系统的预报警、火灾确认、系统故障、气体释放、手动/自动状态五个反馈信号，监视气体灭火系统保护区内的防火阀动作。

2）对防火卷帘门的监控。疏散通道的防火卷帘门按下列控制程序进行控制：感烟探测器动作后，控制防火卷帘门下降至距地（楼）面 1.8m；感温探测器动作后，控制防火卷帘门下降到底；用作防火隔断的防火卷帘门在探测器动作后，下降到底。以上控制和卷帘门位置信号将在 LCD 和显示面板上的 LED 显示，并被传送到防灾指挥中心。

3）对其他消防设备的监控。火灾确认后，通过接口命令 EMCS 切断非消防电源，该控制信号将在防灾报警分机的 LCD 和控制显示面板上的 LED 显示，并传输到防灾指挥中心；监视防火阀、消防泵的运行状态，其位置状态信号将在防灾报警分机的 LCD 和控制显示面板上的 LED 显示，并传输到防灾指挥中心；监视破碎玻璃按钮和消防栓泵的状态，在接收破碎玻璃按钮动作信号后，自动发出控制命令，起动消防加压泵，并监视加压泵的运行信号，点亮破碎玻璃按钮上的指示灯；该控制和位置状态信号将在防灾报警分机的 LCD 和控制显示面板上的 LED 显示，并被传输到防灾指挥中心。

3. 就地级现场设备的功能

（1）智能型光电感烟探测器的功能

1）具有除尘报警功能：探测器所独具的相对环境补偿功能包括脏污补偿。同时，当探测器的脏污检测达到预定值时，探测器将发出脏污报警，提醒维修人员。当脏污达到最大设定值时，系统将发出故障信号，并在误报之前自动隔离探测器。

2）内置微处理器（CPU）能独立运行，如果探测器与回路控制器之间的通信故障超过6s，则该回路中的所有探测器均转为独立运行模式。这个回路的作用就像传统报警接收电路一样，每个探测器继续采集并分析其周围的信息，如探测器周围达到预先设定的烟雾浓度，则探测器报警。

3）自诊断及历史记录功能：探测器持续不断地进行自诊断，以提供重要的维护保养数据，其结果自动更新并储存到探测器的存储器中；结果及数据可在防灾报警分机、GCC 及便携机上显示和查看。

4）能设置早期警告和预报警值：预报警功能在有可能发生火灾时预先通知管理人员进行调查，在确认确实发生火灾之后才进入全报警状态。探测器的灵敏度范围为 0.2% ~ 1.15% obs/m（烟雾灵敏度/米），预报警值可根据报警设定值的 75% 进行设定。

5）具有自动昼、夜灵敏度调整功能：探测器可通过编程设置不同的灵敏度在昼/夜期间自动切换。在夜晚没有人员活动等因素影响时，探测器周围环境中的粉尘和烟雾的浓度降低，可自动调整探测器的灵敏度。

6）可通过控制器远程调整有关参数：FAS 控制主机提供强大的网络功能，可在网络的任意节点对全线的控制器进行访问并通过其对站点报警网络的所有智能型设备进行参数的下载和查看。

7）具有稳定性：探测器的微处理器（CPU）设在探测器的探头内，底座不带电路板，并采取防水、防潮、防腐蚀等处理措施。

8）能对环境进行自动补偿：探测器中的传感元件能对灰尘、潮湿、老化等因素引起的长期缓慢变化做出相应的调整，即环境补偿。

（2）手动火灾报警按钮的功能　防灾报警系统用来以手动方式监视报告火警的按钮。

（3）破碎玻璃按钮的功能　破碎玻璃按钮正常情况下保持在断开状态。当玻璃被击碎时，开关释放，向回路控制器发送一个报警信号，同时可直接起动消火栓泵（引入管电动蝶阀）。玻璃片上有一层塑料保护膜防止玻璃片伤人和四处溅落。

（4）感温电缆的功能　感温电缆及感温电缆监视模块设置在站台板下的电缆廊道，为不可恢复型感温电缆，按正弦波布置；每段长度为 100m 左右，监视电缆是否超过额定温度，超过额定温度时报警；报警额定温度为 68 ~ 72℃。

（5）消防联动控制柜的功能　在车站控制室设置消防控制柜，用于消防泵、消火栓泵（引入管电动蝶阀）、组合式空调箱、变风量空调器、回排风机（兼排烟风机）、TVF、UPE/OTE 风机、小系统回排风机及送风机等火灾工况下运行的设备进行消防联动控制。该消防柜采用硬线的方式直接作用于所控制的消防设备的控制回路上。

（6）消防直达通话电话机　消防分机一经提起，主机上即有声光信号及分机地址显示，在主机上按下该电话的选择按钮，主、分机即可通话。当主机需与分机联络时，按下主机上的分机选择按钮，分机上即有声信号通知接听。

（7）消防通信　每个车站设置一套独立的消防电话网络，由消防电话主机、固定电话分机、插孔电话构成，消防电话主机设置在各分控制级的综合控制室里。

（8）电话插孔的功能　当手提式电话插入插孔时，主机上即有声光信号及地址显示，在主机上按下相应的选择按钮，即可通话。电话插孔面板上有"消防电话"字样。

四、系统运作模式

系统运作模式包括监视模式及报警模式。

1. 监视模式

在正常情况下，火灾报警控制器及车站现场设备均处于监视模式下，车站图形显示终端显示车站各防火分区、防烟分区的平面布置图及车站现场设备状态，并将状态及状态改变情况实时上报控制中心。

2. 报警模式

报警模式包括自动确认模式、人工确认模式及消防联动模式。

（1）自动确认模式　任何一个报警区域，如有一个智能火灾报警探测器报警，同时有一个手动报警按钮报警，或者两个及以上的智能火灾探测器同时报警后，则火灾报警系统自动确认报警。火灾确认后，火灾报警控制器发出指令、控制相关消防设备并发送指令至设备监控系统，设备监控系统接受并执行指令，按照预先设置的程序使相应的设备投入火灾工况模式运行，指令执行完成后给火灾自动报警系统一个反馈信号，并传送至控制中心。

（2）人工确认模式　如果报警区域为电视监控系统可监控的区域，可由车站控制室的值班人员将电视监控系统切换到报警区确认，如电视监控系统监视不到报警区域，则值班人员应采用通信工具通知现场值班人员到报警现场确认。经人工确认火灾后，人工启动火灾报警系统进行消防联动，并发出指令至设备监控系统，设备监控系统接受并执行指令，按照预先设置的程序使相应的设备投入火灾工况模式运行，指令执行完成后给火灾报警系统一个反馈信号，并传达至控制中心。

（3）消防联动模式　消防联动模式是火灾自动报警系统自动实现火灾探测、火灾报警功能，控制和监视火灾时排烟、防烟防火阀动作状态，控制相关消防设备的联动，接收其状态反馈信号，并将信息上送控制中心。火灾报警系统与设备监控系统设有通信接口，火灾时，火灾报警控制器发出指令，设备监控系统执行指令、启动相应的设备，按预先设置的火灾工况模式运行，火灾自动报警系统指令具有最高优先权。

五、FAS 的控制模式

在城市轨道交通系统中，火灾报警系统一般为两级管理、三级控制模式。两级管理为在城市轨道交通中央控制中心（OCC）设置消防指挥中心，在各车站、车辆段、主变电所等处设置防灾控制室作为车站级消防控制中心。三级控制为主控制级、分控制级、就地级。

1. 主控制级

在控制中心配备 2 台互为备用的消防工作站，通过专用网络卡与控制中心局域网联网，作为局域网的网络节点。消防工作站由通用型工业控制机作为主机，外接 ZIP 驱动器及不间断电源（UPS）等设备。每台控制主机通过一套通信控制器环入整个 FAS 网，这样保证主机作为网络的一个节点。全线 FAS 控制中心负责城市轨道交通全线防救灾设备的集中监控管理，负责发生火灾时全线的统一调度和指挥。

防灾控制中心可根据城市轨道交通发生灾害的实际情况，及时向公安消防等部门报告灾情，选择预定的救灾方案，通过公共广播、闭路电视系统向各车站防灾控制室发出消防救灾指令和旅客安全疏散命令，指导全线执行消防指令；并通过电话向有关部门或有关车站通报灾情，编制、下达全线 FAS 运行模式，监视运行工况；并具有报表打印功能，包括日表和月表及其他管理报表的打印；还可存储操作人员的各项操作记录，并可输出至打印机。

2. 分控制级

车站级与中央级联网工作，并对其所管辖范围独立地进行消防监控管理。车站分控制级负责管理车站及相邻区间隧道一半里程范围的防火救灾工作；控制中心大楼的消防值班室负责管理大楼的防火救灾工作；车辆段消防值班室集中管理停车库等重要用房的防火救灾工作。

车站分控制级由图形监视计算机（GCC）、火灾报警分机、消防联动柜、打印机及紧急电话主机等构成。

车站 GCC 设备由通用型工业控制机作为主机，与防灾报警分机采用 RS232 接口连接，GCC 不作为全线报警网络的一个节点，它的故障不会对全线网络和车站级报警回路造成影响。在车站消防控制室设置消防控制柜，用于消火栓泵、消防泵、组合式空调箱、TVF、回排风机及 UPE/OTE 风机等火灾工况下运行设备的直接手动控制，联动柜采用硬线方式直接连接所控制设备的控制回路。每个车站设置一套独立的消防电话网络，隧道内的电话插孔及相邻的主变电所纳入车站消防电话网络中。消防专用设备如防火卷帘门、消防泵、喷淋泵、防火阀等由车站级 FAS 直接控制。

火灾报警分机通过总线与现场设备相连组成所辖站点的火灾报警子系统，同时各火灾报警分机均作为 FAS 网络的一个节点，与其他站点及防灾指挥中心进行通信和信息交换。火灾报警子系统通过 RS232/485 通信接口与本站点内的 EMCS 进行信息交换，当火灾信息确认后，FAS 向 EMCS 发出火灾报警信息和消防控制模式，通过 EMCS 和 FAS 直接控制的消防设备，实施消防处理。

3. 就地级

就地级包括各类探测器件，如感烟探测器、感温探测器、就地监视控制模块等，负责感知现场信息并传送到车站分控制器及接收车站控制命令控制现场设备。

六、火灾报警系统的人机接口

1. 操作显示面板

在城市轨道交通车站控制室内均设有主机操作盘，主机操作盘是火灾报警控制器的操作显示面板，这里以 CS11 系统主机操作盘为例进行分析。

主机操作盘采用交互式操作，在正常模式下，显示屏会显示报警信息以及操作提示，相关人员根据操作手册即可完成报警确认、报警处理、设备检测以及故障隔离等功能。

主机操作盘有三种操作级别：普通级、值班级和管理级。普通级面向所有人员，没有操作密码，可以操作确认/消音键以及功能滚动条；值班级面向值班人员，使用时需要输入密码；管理级面向管理人员，使用时需要输入密码，输入密码即可获得操作权。

在显示窗组合中，有"报警""故障""隔离"以及"信息"四类信息。系统规定"报警"为第一优先级，"故障"为第二优先级，"隔离"为第三优先级，"信息"为第四优先级。

2. 图形工作站

图形工作站（LMS）与 FAS 相连，FAS 会将数据定时发送给 LMS。如果设备不正常，LMS 会自动记录并发出事件信息，通知操作员。

因事件的紧急程度不同，LMS 将事件分为五类，每类事件由一种颜色代表。红色代表"严重警报"，深红色代表"警报"，黄色代表"故障"，浅蓝色代表"警告"，白色代表"不正常"。系统采用交互式操作界面，站务人员或环控调度员需要使用登录名及密码登录。

通过操作事件列表，即可根据事件的优先级对事件警报进行处理。根据操作级别的不同，LMS 可对系统所连接的任一区域内的所有设备报警信息进行确认、隔离、测试以及复位操作，也可浏览系统涉及区域的平面示意图，以便于火灾后的事故救援。

3. 多线集中控制盘

多线制控制盘是消防联动系统的后备保证，它是当报警主机因某种原因无法正常工作而又发生人为确认的火灾时，需要启动某些设备才使用的控制盘。它与控制设备一一对应，采用硬接点方式连接，相当于设备的现场启、停按钮。主要针对排烟机、正压送风机及消防泵等火灾联动控制设备。多线集中控制盘的控制点数根据排烟机、送风机、消防泵及喷淋泵等火灾联动控制设备的数量而定。多线集中控制盘对排烟风机、防火卷帘门、喷淋泵以及消防泵实行远程监控。

七、火灾报警系统的日常维护

1. FAS 的操作

（1）一般要求　FAS 的维护由城市轨道交通公司机电设备中心负责，其日常作业管理由控制中心、车站控制室相关人员进行操作，操作时必须严格按规程执行。操作人员必须使用专用钥匙对 FAS 设备进行操作，操作完毕后应将钥匙交由专人保管，不得留在开关上，专用钥匙不得外借，除指定操作、维修人员之外。操作人员接班时应了解上一班在岗时设备运行情况，且每天必须填写设备运行情况记录。一旦发现存在不安全因素时，应立即关停设备，并通知维修人员进行相关处理工作。设备故障和维修时必须在施工地点放置警示牌或护栏。

FAS 要求车站控制室 24h 有人值班，系统在正常情况下处于广播及系统手动联动状态，在人员暂时离开时根据现场情况需要以及相关要求分别将控制显示联动板上的广播切换和系统切换旋钮切换到自动联动状态。

1）广播手动联动状态。多线集中控制盘上的广播手动/自动切换旋钮处于手动位置时，系统封锁灯不闪。当FAS确认现场有火警后只进行报警，不进行相应的广播联动。如果需要将广播手动联动状态切换到自动状态，首先操作人员用钥匙将多线集中控制盘上的广播切换旋钮切换到正常位置，然后在多线集中控制盘上用钥匙将广播切换旋钮切换到自动状态，系统将会在FAS确认现场有火警后自动启动消防广播。

2) 系统手动联动状态。多线集中控制盘上的系统手动/自动切换旋钮处于手动位置时，系统封锁灯不闪。当FAS确认现场有火警后只进行报警，不进行相应的系统设备联动。如果需要将系统手动联动状态切换到自动状态，首先操作人员用钥匙将多线集中控制盘上的系统封锁旋钮切换到正常位置，然后在多线集中控制盘上用钥匙将系统封锁切换旋钮切换到自动状态，系统将会在FAS确认现场有火警后启动系统联动设备。

3) 广播自动联动状态。多线集中控制盘上的广播手动/自动切换按钮处于自动位置时，系统封锁灯不闪。当FAS确认现场有火警后进行报警并自动进行消防广播。系统自动联动状态下，当FAS确认现场有火警后进行报警并自动进行相应的系统设备联动。

(2) 车站级FAS报火警相关操作　在FAS正常运行期间，CS11操作盘有声报警，报警灯长亮，红色报警灯全亮，另有长响蜂鸣声，同时确认/复位处灯闪烁，为报火警。出现此种情况首先在LMS中文图形显示或CS11操作盘上的报警栏内查看火警位置，再按确认键进行确认。利用对讲机、电话或其他方式通知邻近人员立即查看现场。当确定是火灾后，首先操作人员使用钥匙将多线集中控制盘上的系统封锁旋钮切换到正常位置，然后在多线集中控制盘上根据现场情况需要及消防相关规定用钥匙将系统切换旋钮切换到自动状态，系统将启动系统联动设备；将广播切换旋钮切换到自动状态，系统将启动消防广播。值班人员按照火灾模式表，在信息栏内和控制显示联动板上确认BAS模式、防火阀、防火卷帘门及风机等是否有正常反馈。若无正确反馈，在CS11操作盘上或控制显示联动板上手动对设备进行操作，完成灭火及排烟后按照要求将系统复位。如果发现是假火情，则按复位键进行复位。

(3) FAS联动设备的手动操作　可以在控制显示联动板上远程实现消防泵、喷淋泵及排烟风机的手动打开、手动关闭，并显示设备的工作状态。如果要打开防火阀、区间水阀、三级负荷及BAS模式等联动设备，可以在CS11主机上，进入主菜单，输入输出联动××站联动设备，按下部位起动。如果要关闭以上联动设备，可进入子栏目，按下解除部位起动。

2. FAS的运行管理

(1) 中央级调度人员职责　中央级FAS设在控制中心，由环控调度人员兼任消防系统中央调度。使用的消防设备包括一主一备两台LMS、全线车站闭路电视、全线车站广播及调度电话等。中央级调度人员的主要职责是负责管理全线的消防设备，监视全线火灾报警。具体做法是通过闭路电视确认火灾情况，通过有线或无线调度电话，通知车站值班人员到达现场确认火灾灾情，然后根据火灾发生的实际情况选择处理方案，并向车站控制室发出消防救灾指令和安全疏散命令，指挥救灾工作的开展。与此同时，应立即拨打119向消防局通报火灾详情。

(2) 车站级消防人员职责　在车站，站长是消防主要责任人；值班站长及站务人员兼任消防值班员；除车站之外的其他建筑物，保安人员兼任消防值班员。消防值班员的主要职责是监视本站的火灾报警，确认火灾情况，组织本站工作人员进行救灾以及乘客疏散工作，向控制中心及有关领导报告火灾灾情，并执行其下达的救灾指令。消防值班员的日常工作包括对消防设备设施的监护和巡视，确保消防设备设施不被挪用、破坏，在发生火灾灾情时，使用消防设备设施进行报警、救灾以及乘客疏散。

（3）相关规定　消防值班人员是消防系统设备的使用者，同时也是发生火警时进行处理的第一责任人。有责任和义务对消防系统的所有设备进行监护和管理。严禁擅自切断 FAS 控制盘、消防联动盘、气体灭火系统控制盘及 LMS 计算机等消防设备的使用电源。在收到火灾报警时，值班人员在 FAS 控制盘或 LMS 计算机确认后，应立即携带对讲机及插孔电话等通信工具，迅速到达报警点确认，然后根据火灾事故处理流程进行处理。

3. FAS 的维护

（1）一般要求　FAS 维护人员在生产作业过程中，应认真执行相应的安全规章制度。维护前未联系登记好，不能动用设备；对正在使用中的设备未经行车值班员授权，不能动用设备；对设备性能、状态不清楚，不能动用设备。在检修完成后，必须复查试验好才能离开；发现异响、异声的，必须查明原因才能离开。了解设备故障要做到设备故障时间清楚，设备故障地点确认清楚，设备故障原因清楚。设备维修的联系、要点和登记应到各作业地点办理，登记的时分、地点、作业性质、设备编号和影响范围等内容，一经车站值班员同意签认后，任何人不得任意涂改。登记要点的检修作业，一般应在给定的时间内完成，遇有特殊情况需要延长时间时，应在原给定时间之前回到车站控制室说明情况，并重新办理要点登记手续。

（2）车站级 FAS 故障处理方法　FAS 出现故障应及时上报，如果有故障或信息未报或未及时上报，则会影响系统的正常工作并有可能造成设备的损坏。若 LMS 上出现新的故障，桌面窗口栏会有闪光提示，需在事件表中读取新的内容，做好记录并进行确认。若 FAS 主机出现新的故障，如有声报警，并且"确认/消声"键有指示灯闪烁，出现此类情况，首先应在操作盘上读出相应的信息或故障，并做好记录。如果在信息栏内查询到的是探测器警告，则表明该区域有预警，利用对讲机或其他方式通知临近人员立即查看现场。按消音键对新的信息或故障进行确认消声。应将故障及时报告环调，由环控调度员报设备维修调度员，由设备维修调度员通知相关专业人员进行检修。FAS 网络故障在 FAS 主机上无法显示，只有在 LMS 上显示，对于网络故障应按照 LMS 的显示进行登记并报告环调，由环控调度员报告设备维修调度员。

课题二　气体灭火系统

气体灭火系统是指灭火剂以液体、液化气体或气体状态存贮于压力容器内，灭火时以气体（包括蒸汽、气雾）状态喷射作为灭火介质的灭火系统。气体灭火系统能在防护区空间内形成各方向均一的气体浓度，而且至少能保持该灭火浓度达到规定的浸渍时间，实现扑灭该防护区的空间、立体火灾的作用。

自动气体灭火系统是一种能实现火警信号采集、信息报告、系统信息处理、声光报警控制、相关环控设备联动控制和气体释放全过程自动控制的一种设备，布置在高低压室、环控电控室、信号设备室及通信设备室等重要的设备房内。

一、气体灭火设备与布置

根据消防设备选用情况的不同，一般来说，地下车站以及控制中心的主要设备机房设有气体灭火系统保护。气体灭火系统相对独立，主要包括控制主机、探测设备、报警设备和灭火装置等。

气体灭火系统由控制系统和灭火管网系统两部分组成。灭火管网系统由气体钢瓶、瓶头阀、电磁阀启动器、就地手动启动器、集流管、高压软管、单向阀（逆止阀）、安全阀、选择阀、减压装置、压力开关、喷头和气体输送管道等组成。

气体灭火系统和自动报警系统相连，当自动报警系统收到二级报警（同时收到感烟探测器和感温探测器信号就称为二级报警）时，就会把一个信号给气体灭火系统的控制盘，气体控制盘收到信号后，就会发出指令启动气体钢瓶顶部的启动电磁阀，电磁阀动作来开启钢瓶顶部的阀门，使钢瓶内的气体喷放出来，把其他钢瓶的阀门顶开，来启动其他的钢瓶。这样用来保护这个区域的所有钢瓶气体都喷放出来，从而实现了灭火。

气体灭火系统适用于扑救下列火灾：电气火灾；固体表面火灾；液体火灾；灭火前能切断气源的气体火灾。气体灭火系统不适用于扑救下列火灾：硝化纤维、硝酸钠等氧化剂或含氧化剂的化学制品火灾；钾、镁、钠、铀等活泼金属火灾；过氧化氢等能自行分解的化学物质火灾；氢化钾、氢化钠等金属氢化物火灾。

二、气体灭火系统常用灭火介质

目前应用到城市轨道交通项目中的自动灭火系统主要是二氧化碳灭火系统、七氟丙烷气体灭火系统和烟烙尽气体灭火系统。

1. 二氧化碳灭火系统

20世纪初，二氧化碳灭火系统就得到了广泛的应用，它主要依靠喷放高浓度的二氧化碳到所保护的区域，使其中的氧气浓度急剧下降到一定程度，降低燃烧物的温度使燃烧无法继续进行下去，使火焰熄灭。根据存储压力的不同，二氧化碳灭火系统会产生窒息作用，因此会严重影响停留在保护区域中的人员的生命安全及健康。二氧化碳是一种能够用于扑救多种类型火灾的灭火剂。它的灭火作用主要是相对地减少空气中的氧含量。

二氧化碳是一种惰性气体，对绝大多数物质没有破坏作用，灭火后能很快飘逸，不留痕迹，没有毒害，它适用于扑救各种可燃、易燃液体和那些受到水、泡沫、干粉、灭火剂的玷污而容易损坏的固体物质火灾。

二氧化碳灭火剂具有灭火能力强、毒性低、成本低廉、绝缘性能好、不污损设备、无水渍损失和不导电等特点，是目前国内外市场上颇受欢迎的气体灭火产品，也是替代卤代烷的理想型产品。所以，在现在电器防火的固定灭火设施中，其应用比较广泛，目前该灭火系统的使用量仅次于水喷淋系统而高于卤代烷灭火系统。

一般在启动灭火系统时，控制系统会启动灭火程序，经过30s启动灭火装置进行灭火。当然开始会启动气体保护区内外的声光报警器，提示人员需要在30s之内撤离。所以当声光报警器发出声光报警时，必须立即撤离气体保护区。如果只是由于控制系统误动作，气体保护区内确定并没有火灾发生时，可以立即按压保护区外面的紧急停止按钮，撤销灭火程序。

2. 七氟丙烷气体灭火系统

七氟丙烷（HFC—227ea）自动灭火系统是一种高效能的灭火设备，其灭火剂HFC—227ea是一种无色、无味、不导电、无二次污染的气体，具有低毒、清洁、绝缘性好、无二次污染、灭火效率高的特点，特别是它对臭氧层无破坏，对大气臭氧层的耗损潜能值

(ODP)为零,在大气中的残留时间比较短,其环保性能明显优于卤代烷,是目前为止研究开发比较成功的一种洁净气体灭火剂,被认为是替代卤代烷1301、1211的最理想的产品之一。

七氟丙烷自动灭火系统由储存瓶组、储存瓶组架、集流管、选择阀、液流单向阀、三通、异径三通、弯头、异径弯头、安全阀、法兰、压力信号发送器、管网、喷嘴、药剂、气体灭火控制器、火灾探测器、警铃、声光报警器、放气指示灯及紧急启动/停止按钮等组成。

七氟丙烷自动灭火系统是集气体灭火、自动控制及火灾探测等于一体的现代化智能型自动灭火装置,本系统具有装置设计先进、性能可靠,操作简单,环保良好等特点。具有自动、手动、机械应急手动和紧急启动/停止四种控制方式。

其灭火机理为化学反应灭火,即七氟丙烷在火焰高温中的分解产物能与燃烧过程中的自由基发生反应,使燃烧反应中断,而不是依赖物理性的冷却、窒息及隔离的作用。但是,七氟丙烷在灭火过程中会分解出微量的氢氟酸有害气体,散发刺鼻的气味,有一定的腐蚀性。七氟丙烷如图4-6所示。

3. 烟烙尽气体灭火系统

烟烙尽,又称IG541,是一种完全自然组态的气体材料,由氮气(52%)、氩气(40%)和二氧化碳(8%)三种气体混合而成,密度略大于空气。由于该药剂是三种自然界气体的混合物,它的释放只是将这几种气体回归大自然,因此它是一种无色、无味、无毒的惰性气体及不导电的纯绿色环保气体,属于清洁气体灭火剂。烟烙尽混合气体是一种无色透明的气体,喷放时不会形成浓雾而影响视野,利于逃生,且防护区内的工作人员仍能正常地呼吸,便于火灾发生后及时扑救,减少损失。烟烙尽混合气体以压缩气体的形式储存,喷放时温度变化很小,不会对保护设备构成伤害。当这三种气体喷放到着火区域时,在短时间内会使着火区域内的氧气浓度降低至12.5%以下,不能支持燃烧;同时,使着火区域中的二氧化碳浓度仅上升至2%~5%,对燃烧产生抑制作用,使燃烧迅速终止。

图4-6 七氟丙烷

医学院实验证明,人体在12.5%的氧气浓度和2%~5%的二氧化碳浓度的环境下呼吸,所获得的氧气量与正常的大气环境(21%的氧气浓度和0.03%的二氧化碳浓度)中所获得的氧气量基本是一致的,因此烟烙尽气体不会对人体产生直接伤害。

烟烙尽的灭火机理是通过降低防护区内的氧气浓度,由空气正常含氧量的21%降至12.5%,使其不能维持燃烧而达到灭火的目的。应用方式为全淹没灭火。

(1)烟烙尽气体灭火系统的结构形式 烟烙尽采用组合分配系统形式,每一个组合分配系统是以其中最大用量保护区的用量数为系统的总用量,而不必以各保护区需用量的总和作为总用量,所以这种形式能减少灭火剂的总量。

(2) 烟烙尽气体灭火系统的灭火原理　作为灭火药剂的烟烙尽气体，由52%的氮气、40%的氩气和8%的二氧化碳这三种自然存在于大气中的气体组成，它对扑灭A、B、C类火灾有效。当烟烙尽气体依规定的设计灭火浓度喷放于需要保护的区域中时，可以在1min之内将区域内的氧气浓度迅速降至12.5%，使燃烧无法继续进行。同时，在这样低的氧气浓度下由于保护区域中的二氧化碳浓度已从自然状态下的低于1%提高到4%，此时人的呼吸速率比平时要快，可以在单位时间内吸入更多的氧气以维持正常的生命所需。其中的氩气还具有加强烟烙尽气体在所保护区域中的流动性，进一步提高灭火效率的作用。

(3) 烟烙尽气体灭火系统的组成　烟烙尽气体灭火系统由报警控制系统和管网系统组成。

报警控制系统由控制盘（含继电器模块和蓄电池）、手拉启动器、光电感烟探测器、差定温感温探测器、气体释放指示灯、警铃、蜂鸣器、闪灯、手/自动转换开关、紧急止喷按钮及辅助联动电源箱（含蓄电池）等部分组成。

管网系统由烟烙尽气体钢瓶、瓶头阀、电磁阀、选择阀、放气阀、单向阀、不锈钢气动软管、高压软管、集流管、压力开关、减压装置、喷嘴及气体运输管组成。

(4) 烟烙尽气体灭火系统的控制方式　烟烙尽气体灭火系统具有自动控制、手动控制和应急操作三种控制方式，三种控制方式的动作程序分别如下。

1) 自动控制。当控制系统处于自动工作状态时，系统自动完成火灾探测、报警、联动控制及灭火的整个过程。

当防护区域内的单一探测回路探测到火灾信号时，控制盘启动设在防护区域内的警铃，同时向火灾自动报警系统发出火灾预报警信号。

当同一防护区域内的两个回路都探测到火灾信号时，控制盘启动设在该防护区域门内外的蜂鸣器及闪灯，同时向火灾自动报警系统输出火灾确认信号，并进入延时状态（延时时间为30s）。在延时过程中继电器模块上的继电器触点开关动作，由辅助电源箱提供24V直流电源，从而关闭防火阀。此时，如果发现是系统错误动作，或确有火灾发生但仅是用手提式灭火器和其他移动式灭火设备即可扑灭火灾，可按下设在防护区域门外的紧急止喷按钮（必须持久按下，直至系统复位），可以使系统暂时停止释放灭火剂。若需继续开启烟烙尽气体灭火系统，则只需要松开紧急止喷按钮即可。

30s延时结束时，控制盘输出有源信号至钢瓶及选择阀上的电磁阀，气体通过管道进入防护区。此时，压力开关上的触点开关动作并将气体释放信号传至火灾自动报警系统和控制盘，由控制盘启动防护区域外的气体释放指示灯。防护区域门外的蜂鸣器及闪灯在灭火期间将一直工作，警告所有人员不得进入防护区域，直至确认火灾已被扑灭。

2) 手动控制。手动控制实际上也是电气方式的手动控制。手拉启动器被拉动后，系统将不经过延时而直接被启动，释放烟烙尽气体。在释放烟烙尽气体灭火的同时，系统将关闭防火阀。

3) 应急操作。应急操作实际上是机械方式的操作，只有当自动控制和手动控制均失效时，才采用此种操作。此时可通过操作设在气瓶室的烟烙尽气体区域选择阀上的紧急机械启动器（先启动）和钢瓶瓶头阀上的紧急机械启动器（后启动），开启整个气体灭火系统。

(5) 烟烙尽气体灭火系统的主要接口　烟烙尽气体灭火系统的主要接口有与火灾自动报警系统的接口、与通风和空调的接口及与低压配电系统的接口。

三、气体灭火系统工作原理

由于气体灭火系统的工作特性,要求防护区域应该是一个封闭性良好的防火空间,防护区内各种开口应设置自动关闭装置,门应朝外开启并能自动关闭,防护区的隔墙耐火极限不小于 3h,楼板的耐火极限不小于 2h,窗户等构件的耐火极限不小于 0.5h,吊顶的耐火极限不小于 0.25h。气瓶间的楼板耐火极限不小于 2h,气瓶间采用中级防火门,门应向外开启,耐火极限为 1.2h。气瓶间及防护区耐压等级均不低于 1.2kPa,气体灭火系统配电应提供 AC220V/50Hz(一级负荷)的电源。

气体自动灭火系统和车站火灾自动报警系统(FAS)是两个相互独立的系统,每个防护区向火灾自动报警系统发送火灾报警信号、火灾确认信号、系统故障信号、气体释放信号、自动/手动信号等。

气体灭火系统能及时发现保护区的火情并在灭火控制主机上进行报警,控制主机将每个防护区的预警信号、系统故障信号、系统状态信号、火警信号以及气体释放信号发送给 FAS 主机,在人员对火势情况进行确认后,通过 FAS 主机与控制中心火灾报警控制系统联网,FAS 主机实现一些联动设备动作。FAS 发出联动指令打开或关闭相应的阀门,气体灭火系统在延时时间后发出开阀指令打开相应的阀门,灭火剂通过管道输送到保护区的喷嘴喷放气体实施灭火。

四、气体灭火系统的日常维护

1. 气体灭火系统的操作

(1)一般要求 气体自动灭火系统应保证 24h 正常工作。气体灭火系统工作主机是控制灭火系统设备、接收火警信号、搜集系统状态信息,并与 FAS 传递信号的控制元件。主机操作界面采用交互式操作,按压相应的功能键可以实现系统控制状态转换并查看火警及故障信息。系统主机处于自动状态。在每一处气体灭火保护区均设置一个灭火控制单元(REL),可以实现手动报警,隔离气体灭火系统,在气体灭火系统主机处于手动控制方式状态时,按压 REL 相应控制按钮可以启动气体灭火系统。按下手动释放按钮,在气体灭火主机和 FAS 主机上报火警。在各保护区门口的灭火控制单元上,功能隔离旋钮位于正常位置,只有电源显示灯亮,当处在隔离位置时,气体灭火系统只是报警不能释放气体。功能隔离旋钮的钥匙存放于车站控制室内,由车站值班员负责保管。如果在气体灭火系统启动延时时间内发现为误报警(人为或施工原因造成),则将隔离旋钮切换到隔离位置,在气灭主机上复位后再将隔离开关切换到自动状态。如果在延时时间内发现有人员未撤离保护区,则将隔离旋钮切换到隔离位置,待人员撤离后将保护区关门,将隔离开关切换到自动状态。

不同的灭火单元(REL)对应不同的保护区。当需要在 REL 内进行手动释放气体操作时,一定要确保需要的保护区所对应的 REL 是正确的。有气体灭火系统保护的设备用房无人时,要确保防护区的所有防火门处于关闭状态。人员在进入设备间前应将门口的灭火控制盘上的隔离/正常旋钮置于隔离位置并保证通向外部的防火门处于打开状态,在离开设备间后,应将门口的灭火控制盘上的隔离/正常旋钮恢复到正常位置,且防护区内禁止吸烟。平时进出设备间,需要操作 REL 设备时,可以直接打碎 REL 的玻璃进行操作。气体灭火系统在气体喷放后,一定要等到防护区内的气体全部排完才能进入设备间。

（2）气体灭火系统在自动联动状态下的操作　气体灭火系统有两种确认火警的方式，一种是防护区内的烟感、温感探测器都报火警后，系统确认火警，同时将火警信号报到车站控制室 FAS 主机和 LMS 上，行车值班员将 FAS 切换到自动状态；另一种是可以人工确认火警后，人工按压 REL 内部手动释放按钮，系统确认火警，同时将火警信号报到车站控制室 FAS 主机和 LMS 上，需要车站控制室人员将 FAS 切换到自动状态。

自动联动状态下的控制方式有自动控制方式、REL 内的手动控制方式和机械应急操作方式三种。在确保 REL 内的隔离旋钮在正常位置时，自动确认火警后，系统延时 30~40s，该防护区的气体释放。手动确认火警，且系统延时 30~40s 后，该防护区的气体释放；当自动控制方式无法实现气体释放时，按下防护区门口 REL 内部的手动释放按钮，系统延时 30~40s 后，该防护区的气体释放；当保护区发生火情，自动控制和手动控制均无法进行时，应立即通知有关人员迅速撤离现场，并在 FAS 主机上启动相应的火灾联动模式，然后拔出相应保护区的启动钢瓶的电磁阀头上的止动簧片，压下手柄，亦可开启电磁瓶头阀，释放启动气体，启动气体开启选择阀及平头阀，实施灭火。如果此时遇上电磁瓶头阀维修，应启动气体开启选择阀，然后用平头阀上的手柄打开平头阀，释放灭火剂，实施灭火。

（3）手动联动状态下的操作　若气体自动灭火系统处于手动联动状态下，在系统自动确认火警后，要将系统主机（EST）由自动切换成手动，其余操作与自动联动状态下的操作方式相同。

2. 气体灭火系统的维护

在生产作业过程中，气体灭火系统维护人员应认真执行相应安全规章制度。了解设备故障要做到设备故障时间清楚，设备故障地点确认清楚，设备故障原因清楚。维护前未联系登记好，不能动用设备；对正在使用中的设备未经行车值班员授权的，不能动用设备；对设备性能、状态不清楚，不能动用设备。检修完成后，发现异响、异声的，不查明原因不离开，不复查试验好不离开。设备维修的联系、要点和登记应到各作业地点办理，登记的工作时分、地点、设备编号、作业性质及影响范围等内容，一经车站值班员同意签认后，任何人不得任意涂改。登记要点的检修作业，一般应在给定的时间内完成，遇有特殊情况需要延长时间时，应在原给定时间之前回到车站控制室说明情况，并重新办理要点登记手续。FAT 主机上和图形显示系统上如果发现有新的故障或信息出现，应及时做好登记并及时上报。如果有故障或前期未上报或未及时上报，将会造成系统无法正常工作及设备的损坏。气体灭火系统的维护工作与 FAS 的维护应同时开展。

课题三　其他消防设备设施

一、通用灭火设备的使用操作

1. 灭火器的使用操作

灭火器是常见的防火设施之一，是一种可携式灭火工具。灭火器内放置化学物品，用以扑灭火灾。灭火器存放在公众场所或可能发生火灾的地方，不同种类的灭火筒内装填的成分不一样，是专为不同的火警而设置的，使用时必须注意以免产生反效果及引起危险。

1）检查灭火器是否在有效期之内，一般灭火器的保质期限是五年，出厂日期标签张贴在瓶身上。

2）检查灭火器的压力，当瓶头压力表指针处于绿色（压力正常）位置时可以使用；当压力指针处于红色区域时为压力不足，不能有效灭火；处于黄色为压力稍大。

3）需要将干粉灭火器正反颠倒3~4次，防止干粉灭火剂沉淀影响灭火效果。

4）拔除瓶头保险插销，在距火源3~5m处，瞄准火源根部压下瓶头喷气压把进行左右扫射。

2. 水泵接合器的使用操作

在发生火灾，需要从建筑物外部提供灭火水源时，消防车临时利用水泵接合器连接至室内提供车内水源，将水压入消防管道；消防员可以在建筑物内任何一个消火栓处使用来自外部的水来灭火。水泵接合器如图4-7所示。

图4-7 水泵接合器

3. 消防栓的使用操作

消防栓，也叫消火栓，是一种固定消防工具，它的主要灭火原理是控制可燃物、隔绝助燃物、消除着火源。消防栓系统包括室外消火栓系统、室内消火栓系统、灭火器系统、自动喷淋系统、水炮系统、火探系统及水雾系统等。消防栓主要供消防车从市政给水管网或室外消防给水管网取水实施灭火，也可以直接连接水带、水枪进行出水灭火。所以，室外消火栓系统也是扑救火灾的重要消防设施之一。

室内消防栓的使用方法如下：

1）打开消防栓门，按下内部火警按钮。

2）一人接好枪头和水带奔向起火点；另一人接好水带和阀门口。

3）逆时针打开阀门，水喷出即可。

室外消防栓的使用方法如下：

1）用扳手打开地下消防栓的水袋口连接开关。

2）将水带抛出，消防水带进行连接。

3）用扳手打开地下消防栓的出水阀门开关。

4)接连水带口及出水枪头。

5)至少两人以上手拿喷水枪头,向火源喷水直到火熄灭为止。

操作注意事项:

1)注意火场与消防栓的距离,车站内消防水带和消防软管均为25m。

2)用消防栓灭火时注意着火物品是否带电,若属带电物品,必须切断电源方可用水灭火。

3)定期检查消防栓,确保消防栓水压正常,物品齐全。

二、自动喷水灭火系统

自动喷水灭火系统特指由管道、开式/闭式洒水喷头、报警阀组、水流报警装置(水流指示器或压力开关)及供水设施组成的自动灭火系统,应能在火灾初期自动喷水进行灭火或控制火势的蔓延。

自动喷水灭火系统有两个基本功能:一是发出警报,二是在火灾发生后自动喷水灭火。按喷头开闭形式的不同,自动喷水灭火系统可分为闭式自动喷水灭火系统和开式自动喷水灭火系统两种。

1. 闭式自动喷水灭火系统

闭式自动喷水灭火系统可分为湿式自动喷水灭火系统、干式自动喷水灭火系统、干湿式自动喷水灭火系统和预作用自动喷水灭火系统。

(1)湿式自动喷水灭火系统 截至目前,湿式自动喷水灭火系统是世界上使用时间最长、应用范围最广的闭式自动喷水灭火系统。其供水管路和喷头内始终充满压力水,该系统具有自动探测、报警和喷水的功能,也可以与火灾自动报警装置联合使用,湿式自动喷水灭火系统应用于环境温度为 4~70℃ 的建筑物和其他场所(不能用水扑救的建筑物和场所除外)。

湿式灭火系统的自动喷水是由玻璃喷头完成的,当发生火灾时火焰或高温气流使装有热敏液体的玻璃球受热,因压力增加而爆裂,喷出压力水。同时,管网中的水由静止状态变为流动状态,水流指示器动作,送出电信号,在报警控制器上指示某一区域已在喷水,压力开关动作,将水压信号变为电信号从而启动喷水水泵保持水压。喷水水流接通水流开关,其桨片随水流动作,接通延时电路,发出电信号给控制中心,以辨认发生火灾的区域。由于喷头开启后持续喷水泄压,造成湿式报警阀上部的水压低于下部的水压,在压力差的作用下,原来处于关闭状态的湿式报警阀自动开启,压力水通过报警阀流入灭火管网;同时通向水力警铃的通道被打开,水流冲击水力警铃发出声响报警信号。控制中心根据水流指示器或者压力开关的报警信号,自动启动消防水泵向系统加压供水,达到持续自动喷水灭火的目的。

湿式灭火系统主要由以下几部分构成。

1)消防水泵:给消防管网中补水用。

2)消防水泵接合器:它是与高层建筑配套的消防设施,其作用是通过消防水泵车向建筑物内部的消防供水系统输送消防用水或其他液体灭火剂,以解决因建筑物内部消防给水系统管道水压低而造成的供水不足或无法供水的问题。它由法兰接管、弯管、止回阀、放水阀、闸阀、消防接口及本体等部件组成。

3)水箱下止回阀:用于防止消防水进入水箱。

4）放水阀：用于检修时放空管网中的余水。

5）火灾信号传感器：用于感应火灾信号。

6）压力表：用于观察系统水压是否正常。

7）水箱：正常状态下维持管网的压力，火灾发生的初期给管网提供灭火用水。

8）试铃警阀：用于人工测试，打开试警铃阀泄水，使报警阀自动打开，水流充满延迟器后可使压力开关及水力警铃动作报警。

9）火灾收信机：安装在消防控制中心，用于接收系统传来的电信号及发出控制指令。

10）压力开关：自动喷水灭火系统的自动报警和控制附件，它能将水压力信号转化成电信号。当压力超过或低于预定工作压力时，电路就闭合或断开，输出信号至火灾报警控制器或直接启动其他电气设备。

11）压力罐：用于自动启动消防水泵。当管网中的水压过低时，与压力罐连接的压力开关发出信号给控制箱，控制箱接到信号后发出指令启动消防泵给管网增压；当管网水压达到设定值后消防水泵停止供水。

12）水流指示器：其动作原理是，当水流指示器感应到有水流动时，其电触头动作，接通延时电路（延时20~30s）。延时时间到，通过继电器触发，发出信号给控制室，以识别火灾区域。

13）闭式喷头：闭式喷头按溅水盘的形式和安装位置不同，有直立型喷头、下垂型喷头、边墙型喷头、普通型喷头、吊顶型喷头和干式下垂型喷头之分。按感温元件的材质不同，闭式喷头可分为易熔金属式、双金属片式和玻璃球式三种，其中以玻璃球式应用最多。正常情况下，喷头处于封闭状态；当有火灾发生且温度达到动作值时喷头开启，喷水灭火。闭式喷头由喷水口、感温元件和溅水盘组成。喷头的喷水口用由感温元件组成的释放机构封闭，当达到一定温度时能自动开启，如玻璃球爆炸、易熔合金脱离。

14）水力警铃：用于湿式、干式、干湿两用式、雨淋和预作用自动喷水灭火系统中，是自动喷水灭火系统的重要部件。当火灾发生时，由报警阀流出带有一定压力的水驱动水力警铃报警，警铃流量等于或大于一个喷头的流量时立即动作。

15）末端试水装置：末端试水装置是安装在系统管网或分区管网的末端，用来检验系统启动、报警及联动等功能的装置，用于自动喷水灭火系统等流体工作系统中。该试水装置末端与相当于一个标准喷头流量的接头相接，打开该试水装置，可进行系统模拟试验调试。利用此装置可对系统进行定期检查，以确定系统是否正常工作。

16）湿式报警阀：湿式报警阀是用来开启和关闭管网的水流，传递控制信号至控制系统并启动水力警铃直接报警的装置。它安装在总供水干管上，连接供水设备和配水管网，一般采用止回阀的形式，当有喷头喷水时，就破坏了阀门上下的平衡压力，使阀门开启，接通水源和管网。同时，部分水流通过阀座上的环形槽，经信号管道送至水力警铃，发出声响报警信号。

17）延迟器：一个罐式容器，安装在报警阀与水力警铃之间。它用以对由于水源压力突然发生变化而引起的报警阀短暂开启或对因报警阀局部渗漏而进入警铃管道的水流起一个暂时容纳的作用，从而避免虚假报警，只有真正发生火灾时，喷头和报警阀才能相继打开，水流源源不断地大量流入延迟器，经30s左右充满整个容器，然后冲入水力警铃发出火警信号。

(2) 干式自动喷水灭火系统　干式自动喷水灭火系统是由湿式自动喷水灭火系统发展而来的，平时系统管网中充满压缩的空气或氮气，因此适用于环境温度低于4℃或高于70℃的场所。

(3) 干湿式自动喷水灭火系统　干湿式自动喷水灭火系统是把干式和湿式两种系统的优点结合在一起的一种自动喷水灭火系统，当环境温度高于70℃或低于4℃时，系统为干式自动喷水灭火系统；当环境温度为4~70℃时，系统转化为湿式自动喷水灭火系统。这种系统最适合季节温度的变化比较明显、在寒冷时期无采暖设备的场所使用。

(4) 预作用自动喷水灭火系统　预作用自动喷水灭火系统是将火灾自动探测报警技术和自动喷水灭火系统有机地结合起来，对保护对象起了双重保护作用。预作用自动喷水灭火系统由闭式喷头、管道系统、雨淋阀、火灾探测器、报警控制装置、充气设备、控制组件和供水设施等部件组成。这种系统平时呈干式，在火灾发生时能实现对火灾的初期报警，并立刻使管网充水将系统转变为湿式。系统的这种转变过程包含着预备动作的功能，故称为预作用喷水灭火系统。预作用自动喷水灭火系统通常安装在既需要用水灭火但又绝对不允许发生非火灾而跑水的场所，如图书馆、档案馆及计算机房等。

2. 开式自动喷水灭火系统

开式自动喷水灭火系统可分为雨淋喷水灭火系统、水幕系统和水喷雾灭火系统三种。

(1) 雨淋喷水灭火系统　雨淋喷水灭火系统是由火灾自动报警系统或传动管控制，在自动开启雨淋阀和启动供水泵后，向开式喷头供水的自动喷水灭火系统。雨淋喷水灭火系统由开式喷头、水泵接合器、给水设备、雨淋阀、水流报警装置（水流指示器或压力开关）、火灾探测器及管路系统等组成。雨淋阀是雨淋系统和预作用系统中用于控制水流和起报警作用的装置，在出现火灾时控制系统才使隔膜打开，让水流入系统管网内进行灭火，并使水力警铃报警。

1) 雨淋喷水灭火系统的工作原理。当建筑物保护区任意一处发生火灾时，火灾探测器把火灾信号及时传输给火灾报警控制器，火灾报警控制器及时开启雨淋阀，压力水立即充满管网，使全部开式喷头同时喷水灭火。

雨淋阀是雨淋系统和预作用系统中用于控制水流及起报警作用的装置，即在出现火灾时控制系统使隔膜打开，让水流入系统管网内进行灭火，水力警铃报警，雨淋阀上的隔膜室（控制室）内的水压高低控制着隔膜的开或闭。当控制室内的水压等于供水压力时，隔膜关闭，水不能进入系统；反之，则隔膜被供水压力顶开，水流入系统进行喷水灭火。

2) 雨淋喷水灭火系统的特点及应用。当火灾的水平蔓延速度快或因室内净空高度大而使喷头感温条件恶化时，将使闭式喷头的开放滞后于火灾的水平蔓延，此时闭式自动喷水灭火系统将难以使喷头有效地覆盖火灾发生的范围，而不能有效地控制连续蔓延的地面火灾。而雨淋喷水灭火系统具备一旦启动便可立即大面积喷水的技术特点，可以克服闭式自动喷水系统不宜在上述场所中使用的缺点。雨淋喷水灭火系统提供机械和电控两种报警方式。

(2) 水幕系统　水幕系统是由水幕喷头、管道和控制阀等组成，能起到冷却、防火、阻火及分隔作用的一种自动喷水系统。

1) 水幕系统的工作原理。水幕系统的工作原理与雨淋喷水灭火系统基本相同，所不同的是水幕系统喷出的水为水帘状，而雨淋喷水灭火系统喷出的水为开花射流。由于水幕喷头将水喷洒成水帘状，因而水幕系统不能直接用来灭火，而是通过冷却简易防火分隔物（如防火卷帘、防火幕）来提高其耐火性能，或者形成防火水帘，阻止火焰穿过开口部位，来达到防止火势蔓延的目的。

2）水幕系统的应用。水幕系统主要用于需要进行水幕保护或防火隔断的部位。例如，将水幕系统设置在各防火区或设备之间，阻止火势蔓延扩大，阻隔火灾事故产生的辐射热，对泄漏的易燃、易爆、有害气体和液体起疏导、稀释作用。

（3）水喷雾灭火系统　水喷雾灭火系统的组成和雨淋喷水灭火系统相似，主要由雨淋阀、开式喷头、管网、供水设施、探测系统和警报系统组成。不同点在于水喷雾灭火系统采用的开式喷头为水雾喷头，其利用离心力或撞击原理，在较高的水压作用下将水流分解为呈喷射流态的细小水滴。

1）水喷雾灭火系统的工作原理。水喷雾灭火系统可通过闭式喷头传动管控制、电气远程控制及人工手动控制的方式进行操作。闭式喷头传动管控制方式是通过闭式喷头受热、动作后，雨淋阀进水侧的压力降低而使雨淋阀门自动开启喷雾来实现的；电气远程控制方式是通过火灾探测器发出的火灾信号，并将信号输入火灾报警控制器，由火灾报警控制器将信号传送给雨淋阀内的电磁阀，而使阀门自动开启喷雾来实现的；人工手动控制方式的原理与闭式喷头传动管控制方法相似，是通过手动球阀的开启使雨淋阀进水侧的压力降低而实现自动喷雾。

2）水喷雾灭火系统的应用。水喷雾灭火系统的保护对象主要是指火灾危险性大、火灾扑救难度大的专用设施或设备。水喷雾灭火系统不仅可以扑灭固体火灾，还可以扑救液体火灾和电气火灾。

3. 干式灭火系统

干式灭火系统适用于有冰冻的寒冷地区，其工作原理基本上与湿式系统相同，不同之处在于干式系统管道内平时没有水。湿式自动喷水灭火系统管网内依靠高位消防水箱而充满压力水，长期处于备用工作状态。当保护区域内发生火灾时，环境温度升高，喷头的温度敏感元件（玻璃球）破裂，喷头自动将水喷向火灾发生区域，消防水箱内的水流流经报警阀，按照以下步骤启动水泵。

1）报警阀输出报警水流→延迟器（延时30s）→水力警铃；延迟器（延时30s）→压力开关→电器控制箱→启动水泵。

2）手动按钮→电器控制箱→启动水泵。

3）火灾传感器→火灾收信机→电器控制箱→启动水泵。

4）水流指示器→火灾收信机（消防中心）→电器控制箱→启动水泵。

三、水消防系统设备操作实践

1. 水泵日常巡检事项

1）水泵需运行平稳，无异常振动、噪声、泄漏。

2）水泵轴承，正常使用温度不超过80℃。

3）电动机不允许超载，实际工作电流应小于额定参数。

4）要求泵运行在选定的工况点。

5）F级绝缘的电动机绕组最高耐温155℃，使用温度不允许超过40℃，其温升限值不能超过-173.15℃（100K），轴承温度限值为-173.15℃+40℃=-133.15℃，保证性能的运行温度应该不超过120℃，轴承温度应不超过95℃，因温度太高会使油脂发生变化和破坏油膜。

2. 消防泵安装事项

1）安装时管路重量不应施加到泵上，否则易损坏水泵。

2）为避免杂质进入泵内而堵塞流道影响性能，应在泵进口前安装过滤器。

3）安装水泵前应仔细检查泵流道内有无影响水泵运行的硬质物（如石块、铁砂等），以免水泵运行时损坏部件。

4）安装时必须拧紧地脚螺栓，且每间隔一段时间应对机组进行检查防止其松动，以免水泵启动时发生剧烈振动而影响其性能。

5）为了维修方便和使用安全，应在泵的出口管路上各安装一只调节阀及在泵进出口处各安装一只压力表，对于高扬程泵，为防止水锤，还应在出口闸阀前安装一只止回阀，从而确保水泵在最佳工况下运行，延长水泵的使用寿命。

3. 水消防系统故障处理

（1）城市轨道交通水消防系统一般故障现象

1）消防管道爆裂。

2）连接处漏水。

3）阀门锈蚀造成不能关闭或开启。

4）地面沉降造成管道拉裂、断裂。

5）锈蚀和橡胶垫老化造成消火栓漏水。

（2）故障应急处理操作

1）消防管道爆裂。若消防管道爆裂，经相关部门同意后，应立即关闭阀门（有分区阀先关闭分区阀，观察后再关闭总阀），切断水源，有条件的打开附近消火栓放水减压。

2）喷淋头无故损坏、爆裂漏水等产生喷淋设备误动作。

① 现场人员立即确认喷淋头损坏、爆裂漏水情况，是否属于误动作。

② 关闭分区阀，隔离水流指示器和关闭报警阀、信号蝶阀。

③ 打开末端试水阀放完余水。

④ 重新更换喷淋头。

⑤ 关闭末端试水阀，开启信号蝶阀和分区阀，补水到正常压力。

四、气溶胶灭火系统

1. 概述

气溶胶是指以固体或液体为分散相，以气体为分散介质所形成的溶胶，也就是固体或液体的微粒（直径为 $1\mu m$ 左右）悬浮于气体介质中形成的溶胶。气溶胶具有流动扩散特性及绕过障碍物淹没整个空间的能力，因而可以迅速地对被保护物进行全淹没方式防护。气溶胶灭火产品是一种具有最小影响的灭火剂，具有造价低廉、系统简单、无腐蚀、无毒无害、无污染、对臭氧层无损耗、残留物少、全淹没全方位灭火、高速高效、应用范围广等优点。

2. 气溶胶的生成方法

一种是物理方法，即将固体粉碎研磨成微粒再用气体予以分散形成气溶胶；另一种是化学方法，通过固体的燃烧反应，使反应产物中既有固体又有气体，气体分散固体微粒形成气溶胶。

3. 特点

1）灭火效能高：单位体积灭火用量是卤代烷灭火剂（哈龙）的 1/4～1/6，是二氧化碳灭火剂的 1/20。

2）灭火速度快：从气溶胶释放至达到灭火浓度的时间很短。

3）对臭氧层的耗损潜能值（ODP）为 0，温室效应潜能值（GWP）为 0，完全符合环保要求，属绿色环保产品。

4）无毒无害无污染，不改变保护区内氧气的含量，对人体无害。

5）气溶胶释放的气体不导电，低腐蚀对电子电力设备无影响。

6）反应前的灭火剂为固态，不泄漏，不挥发，不衰变，可在常温常压下存放，易储存保管。

【技能训练】

任务一　火灾自动报警系统的维护

一、实训目的

掌握火灾自动报警系统的维护。

二、实训准备

1）具备火灾自动报警系统的实训场所或地铁车站。

2）在对火灾自动报警系统进行日常维护工作时，应具有如下工具及资料。

① 工程竣工资料：设备安装平面图、主机及现场接线箱接线详图、回路地址码表、设备联动控制方案、控制原理图及系统操作手册。

② 万用表：准确性≤2%；内部阻抗≥20kΩ；测量范围 1～AC/DC 500V，100mA～DC 5A，10Ω～10MΩ。

③ 探测器测试仪：烟感测试仪（DZ1193）、温感测试仪（RE6T）。

④ 线路测试仪：S1131 系列测试仪（DZ1131）、S1151 系列测试仪（DZ1195）。

⑤ 电池测量装置：负载电阻 5Ω。

三、实训内容

火灾自动报警系统的维护工作是消防系统正常运行工作不可缺少的环节。为了更好更有效地对整个火灾自动报警系统进行维护保养工作，要求日常系统维护工作人员应熟悉整个系统的工作原理以及设备资料。火灾自动报警系统的维护工作主要分为控制主机维护及图文管理系统维护两大类。

对于系统维护人员及值班人员的要求：熟悉消防电气基础知识；熟悉消防系统的工作原理；对主机系统进行熟练操作；对计算机有初步的认识及操作经验；经专业培训后能理解技术资料及能独自处理日常工作运行中的故障。

1. 控制主机维护操作

（1）电源检查操作

1）检查电池工作状态。

2）检查主电工作状态。

3）进行断电检查：主电故障断开主电；电池故障断开电池。

4）检查消防电源在用户配电箱内是否有明显标识及进电部分是否有熔丝保护。

5）检查电源保护是否工作正常，断开电源15min并检查辅助锂电池工作状态，重新送电后，检查日期、时间及故障信息，如有任何数据遗失，则应更换锂电池。

（2）操作盘检查操作

1）观察面板硬件是否损坏。

2）检查接地是否连接。

3）检查面板按键标签是否清晰。

4）进行功能检测：输入用户操作密码；执行试灯操作；进行有人/无人值班切换操作。打开/关闭一个分区；触发一个警报，确认并复位；触发一个故障，确认并复位（处理好故障）；退出操作；确认以上操作和显示是否正常。

5）选用中性肥皂清洗显示盘及面板按钮，不可使用溶剂类液体。

（3）控制主机检查操作

1）查看控制主机外壳、硬件和电池外观。

2）检查安装螺钉、端子及其他连接件是否完好。

（4）系统功能测试操作 探测器测试，可选择两种不同的测试方法：

1）探测器测试模式（报警装置及控制设备需隔离）。如探测器动作后，面板显示探测器测试起动10s。

2）安装测试模式（所有控制设备正常工作，报警装置及控制功能均不隔离）。如探测器动作后，系统触发警报，指示灯闪亮。

（5）操作面板标准用户文字解释

1）自动火警：由消防报警探测器报警产生的火警信息。

2）手动火警：手动报警器玻璃破碎后产生的火警信息。

3）非编址火警：由于某一探测器或手动报警器遗失了地址或回路上尚未调试开通的报警元器件报警产生非编址火警信息。

4）水流指示器报警：由水流指示器动作后产生的报警，告知某一楼层或区域的水系统支管内有水流动。

5）控制主机内部编写的程序与现场安装的实际情况不符。

① 有部分探测器、手动报警器或输入/输出模块（一个或一个以上）尚未调试，但程序已被下载至控制主机内。

② 有部分探测器安装的型号与系统预设程序不符。

（6）控制器通信中断操作 控制主机与操作面板之间的通信总线（C-BUS）中断，操作面板无法接收控制主机的信息。请查看信息的详细文本以确认是哪台控制主机出现问题。

2. 控制主机常见故障的排除

控制主机回路开路操作处理：在一条回路线上，有一处开路情况发生，系统给出开路故障，所有元器件仍正常工作。如有两处或两处以上线路开路，则给出开路及两处开路之间的所有元器件故障。

1）所需工具及资料：工程平面图、端子接线图、螺钉旋具、万用表。

2）一处开路操作处理：

① 查看 CT11 操作面板，确认是哪条探测回路开路。

② 若此开路回路上无其他元器件故障，则可确认为一处开路情况。

③ 在端子箱处将此回路的入线拆除。

④ 查看 CT11 面板上新增加的元器件故障，结合平面图，在一条回路上最前位置的故障元器件即为开路点。

⑤ 排除线路故障，并在端子箱处接好回路入线。

⑥ 在 CT11 面板上对此回路进行 D-总线重新配置，约 1min 后，如开路故障消失，则故障已排除。

3）多处开路操作处理：

① 查看 CT11 操作面板，确认是哪条探测回路开路。

② 若此开路回路上有其他元件故障，则可确认为多处开路情况。

③ 查看 CT11 面板上新增加的元器件故障，结合平面图，在一条回路上最前位置及最后端位置的故障元器件即为开路点。

④ 排除线路故障，查看 CT11 面板上元器件故障是否减少或消除；若仍存有元器件故障，则可按第③步进行检查。若无元器件故障时，则可执行下一步骤。

⑤ 在 CT11 面板上对此回路进行 D-总线重新配置，约 1min 后，如开路故障消失，则故障已排除。

3. 控制主机回路短路的操作处理

在一条回路线上，有一处短路情况发生，系统给出短路故障及短路处两端最近的隔离元器件之间元器件故障信息，回路上其他元器件仍能正常工作。

（1）所需工具及资料　工程平面图、端子接线图、螺钉旋具、万用表。

（2）短路操作处理

1）查看 CT11 操作面板，确认是哪条探测回路短路，并查看此回路上是否有元器件的故障，同时结合工程平面图初步确认短路的范围。

2）在端子箱处将该回路的入线拆除，同时将该探测回路中间点向后的线路断开。

3）在 CT11 面板上对此回路进行 D-总线重新配置。如过 1min 后短路信息消失，则说明短路点在断开点向后的位置；如短路信息未消失，则说明短路点在断开点向前的位置。

4）向前或向后取中间点，断开向后的线路，重复步骤 3）直至找到短路点。

5）排除线路故障。

6）在端子箱处接好回路线的入线。

7）在 CT11 面板上将短路的回路进行 D-总线重新配置。约 1min 后，如短路故障信息消失，则故障已排除。

4. 控制主机回路对地短路的操作处理

对地短路一般情况下分为两种：正线对地及负线对地；负线对地可能造成对地点工作失常，正线对地则有可能造成整条探测回路工作失常。对地故障排除后，信息自动消除，无需重新配置探测回路总线。

（1）所需工具及材料　工程平面图、端子接线图、螺钉旋具、万用表。

（2）对地短路操作处理

1）查看 CT11 操作面板，确认是哪条探测回路对地短路。

2）在端子箱处将该回路的入线拆除，同时将该探测回路中间点向后的线路断开。

3）查看 CT11 面板。如对地短路故障消失，则说明对地短路点在断开点向后的位置，如对地短路信息未消失，则说明对地短路在断开点向前的位置。

4）向前或向后取中间点，断开向后的线路，重复步骤3）直至找到短路点。

5）排除线路故障。

6）在端子箱处接好回路线的入线。

四、实训考核

考核内容	考核标准	得　分
控制主机维护操作	电源检查项目完整（10分）	
	操作盘检查项目完整（10分）	
	控制主机检查项目完整（10分）	
	系统功能测试操作正确（10分）	
	操作面板标准用户文字解释正确（10分）	
	控制器通信中断判断正确（10分）	
控制主机常见故障的排除操作	一处开路故障排除处理正确（10分）	
	多处开路故障排除处理正确（10分）	
控制主机回路短路操作处理	工具使用正确、步骤完整、判断正确（10分）	
控制主机回路对地短路操作处理	工具使用正确、步骤完整、判断正确（10分）	
合计		

注：步骤缺失或判断错误，一次扣5分。

任务二　烟烙尽气体灭火系统的维护

一、实训目的

掌握烟烙尽气体灭火系统的维护。

二、实训准备

具备烟烙尽气体灭火系统的实训场所或地铁车站。

三、实训内容

1. 烟烙尽系统的启动

1）按下自动气体灭火装置控制盘（RP 盘）上的启动按钮，FAS 操作盘上出现声、光报警信号并显示火灾地点信息，RP 盘动作，同时输出控制信号。

2）保护区内蜂鸣器及闪光灯开始鸣叫并发出闪光。

3）输出火警信号至中央级消防报警系统总控制盘。

4）无延时直接启动主动气瓶和电磁选择阀上的电磁阀启动器，从而开启主动气瓶和电磁瓶的电磁选择阀，系统开始向保护区范围内喷射烟烙尽气体。

5）安装在气体输送管道上的压力开关动作，同时输出信号至消防报警系统总监控室。

2. 烟烙尽系统的急停

在自动控制时，如发现系统误动作，或确有火灾发生但仅使用手提式灭火器和其他移动式灭火设备即可扑灭火灾时，可在按下启动按钮到开始喷气的延时时间内按下 RP 盘上的停止按钮，可使系统暂时停止释放药剂。

注：需持久按下停止按钮直至系统复位。

四、实训考核

考核内容	考核标准	得　分
烟烙尽系统的启动	每一步骤完成得 5 分（25 分）	
	每一步骤设备操作正确得 5 分（25 分）	
烟烙尽系统的急停	急停操作正确（25 分）	
	系统复位（25 分）	
合计		

【小案例】——临危不乱、奉献社会

2021 年 9 月 13 日，石家庄市某小区物业人员将一面鲜红的锦旗送到石家庄市轨道交通集团有限责任公司员工小庞手上。"小伙子，感谢你及时出手灭火，不然后果不堪设想！"物业人员紧紧地握着小庞的手说。

原来，2021 年 8 月 31 日下午 4 点左右，运营分公司综合维修部供电车间员工小庞在小区打水时，忽然听到"嘭"的一声，楼下停车点一辆三轮车上的液化气罐瞬间起火，火焰持续喷出，旁边的几辆电动车也被引燃了。小区居民纷纷着急地喊："着火了，快救火！"小庞立刻向冒着浓浓黑烟的着火点跑去。在失火地点，周围的居民慌了神，手足无措。小庞看见一个居民匆匆地提起一个灭火器，反复摆弄却不知道怎么使用。面对滚滚浓烟和猛烈喷出的火舌，他立刻从自己车上拿出自备的灭火器，一边喊着让附近的人撤离并拨打 119 报警电话，一边对着几处明火和浓烟点喷洒干粉。

尽管被浓烟和干粉灭火器的粉末熏得睁不开眼、喘不过气，为避免爆炸，小庞冒着被烧伤的风险，徒手将喷着火焰的液化气罐阀门关闭，解决了最大的危险。在大家的帮助下，终于成功将明火全部扑灭。在消防人员赶到现场前，他悄悄退出人群，回家准备上夜班了。

后来，小区物业寻找危急关头积极灭火的好心人，当电话询问到小庞时，他说："救火的时候，没考虑太多，就是想着赶紧灭火，不能让火势蔓延。我只是做了一名地铁员工应该做的事情。"

【课后习题】

一、填空题

1. 火灾自动报警系统一般包括火灾探测器、_____和_____。
2. 气灭防护区内的单一探测回路探测到火灾信号后，控制盘启动设在该保护区域内的_____。
3. 灭火器压力指示表中指针指示红色表示_____。
4. 从一个防火分区内的任何位置到最邻近的一个手动火灾报警按钮的步行距离不大于_____。
5. 烟烙尽气体灭火系统具有自动控制、_____和_____三种控制方式。

二、判断题

1. 气体灭火控制器的紧急启动按钮被按下后，马上启动开始喷气。（   ）
2. 蜂鸣器闪灯在两路探测器（温感+烟感）报警时动作。（   ）
3. 报警区域内每个防火分区，至少设有一个手动火灾报警按钮。（   ）
4. 地下车站所有区域均设有气体灭火系统保护。（   ）
5. 在出入口通道、站台层、站厅层及设备房等区域设置带地址码的手动报警按钮。（   ）

三、简答题

1. 简述城市轨道交通火灾报警系统的中央级功能。
2. 简述烟烙尽气体灭火系统在自动控制模式下的工作过程。

05

单元五　低压配电与照明系统

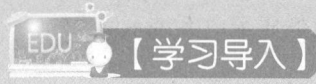

2008年7月18日，北京地铁5号线惠新西街北口站内照明系统出现故障，导致5号线全线多站被封站和限流，至少千余名旅客滞留站外。1h后，各站陆续恢复正常运行。

城市轨道交通车站的设施设备非常多，有可见的各种照明、自动售票机、闸机、自动扶梯、站台门等，还有一些看不到却时刻为乘客提供舒适服务和安全保障的设施如：空调、通风、给水排水等。这些设施设备的使用都离不开同一个东西——电。地铁车站低压配电系统为车站站台、站厅和设备用房的机电设备、售检票设备等提供电源，工作人员通过该系统对车站低压电器和照明系统各设备进行有效操作和管理，为车站的正常运行提供安全、优质、高效的保障。本章将详细介绍低压配电系统和照明系统，并设置了低压开关柜日常巡查和照明系统故障应急处理两个实操任务。

【学习目标】

能力目标
1. 能够对低压配电设备进行就地操作和综合控制。
2. 能够完成照明系统故障应急处理。

知识目标
1. 掌握低压配电系统的构成和运行方式。
2. 掌握低压配电系统的设备使用。
3. 掌握车站照明系统的三级控制方式。

素质目标
1. 培养安全第一、乘客为主的安全意识。
2. 培养应急能力和操作能力。
3. 培养职业素养和团队协作能力。

课题一　车站低压配电系统

1. 城市轨道交通车站低压配电系统的作用和目标

城市轨道交通低压配电系统是地铁供电网络中全方位的服务功能，承担了除给电动车组供电以外给所有低压负荷提供电能的重要任务，保证所有动力照明设备配电的安全、可靠、有效、经济。

车站工作人员通过低压配电系统对车站内低压电器和照明各设备进行操作和管理，保障车站正常运行，为乘客提供安全、舒适的候车环境。城市轨道交通车站低压配电系统示意如图 5-1 所示。

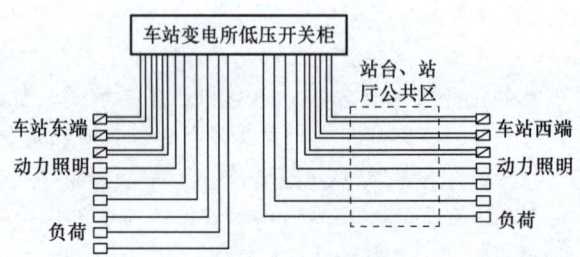

图 5-1　车站低压配电系统示意图

2. 城市轨道交通车站低压配电系统分类和供电方式

车站电源是两路电源引自降压变压器二次侧，两路电源互为备用，切换；一路分进线断开，三级负荷切除；火灾时切断三级负荷，二级负荷要人工现场切除。

低压配电系统设备按用途分为动力和照明；按供电重要程度分为一级负荷、二级负荷和三级负荷。

1）一级负荷是指直接影响行车安全、旅客安全、疏散安全的用电负荷，包括通信、信号、FAS、EMCS、AFC、应急照明、站厅和站台照明、出入口照明、屏蔽门、垂直梯、排水泵、雨水泵、回排风机、排热风机、组合式空调箱、小系统排烟风机。

一级负荷的供电是从Ⅰ、Ⅱ段母线（即两路引自变电器电源）各引一路电源到设备附近，在设备末端设有双电源自动切换箱，一级负荷为节省投资而共用一个双电源自动切换箱就近配电。

2）二级负荷是指间接影响消防、疏散安全的用电设备，包括自动扶梯、污水泵、车站设备管理区用房照明等。

二级负荷的供电是从Ⅰ或Ⅱ段母线引一路电源，当所在母线故障时母联开关投入，由另一母线供电。当电网只有一路电源时，允许将其从电网中切除（由人工切除）。

3）三级负荷是指与行车、消防、疏散无直接关系，用于增加乘客舒适度的用电负荷，包括一般照明、商业照明、冷水机组、冷冻泵、冷却泵、冷却塔风机等。

三级负荷的供电是由三级负荷总开关引来一路单电源，一路总进线电源故障时自动被切除，需人工复位。在火灾情况下，FAS直接切断三级负荷总电源。

3. 低压配电系统设备介绍

（1）低压开关柜　低压开关柜是一个或多个低压开关设备和与之相关的控制、测量、信号、保护、调节等设备，所有内部的电气和机械的连接，用结构部件完整地组装在一起的一种组合体，将低压电力安全、可靠、合理地配置给各个用电负荷。低压开关柜如图5-2所示，城市轨道交通车站低压配电系统采用AC400V三相五线制，故也称为0.4kV开关柜。

图5-2　低压开关柜

低压开关柜的特点：多个设备开关结构紧凑、易于维护；事故发生减少设备维护和检修时间；可以实现数据资源共享和智能化。

主要由柜体、母线、功能单元三部分组成，如图5-3所示。

1）柜体：开关柜的外壳骨架及内部的安装、支撑件。

2）母线：一种可与几条电路分别连接的低阻抗导体。

3）功能单元：完成同一功能的所有电气设备和机械部件（包括进线单元和出线单元）。

（2）电缆、电线　低压柜馈出至配电箱、双电源箱、控制柜回路、配电箱馈出至设备（电缆）；照明、配电箱出线（电线），电缆绝缘电压为1000V等级，电线为500V等级。

(3) 其他相关设备

1) 环控系统设备就地控制箱。安装于车站各环控设备附近，用于维修调试各环控系统设备时的就地控制操作。

2) 防淹门控制柜。安装于过江隧道两端的防淹门控制室及车站的站控室，用于防淹门的操作控制。

3) 雨水泵控制柜。安装于地下隧道入口处雨水泵控制室内，用于地下隧道入口处雨水泵运行控制。

4) 废水泵、污水泵、集水泵控制箱。安装于车站废水泵、污水泵、集水泵用电设备附近，用于废水泵、污水泵、集水泵运行控制。

5) 区间隧道维修电源箱。安装于正线区间隧道内，约 80m 设一台，提供隧道内设备维修作业时所需要的电源。

6) 电源配电箱、电源切换箱。安装于车站各动力用电设备（如：自动扶梯、水泵、信号设备、通信设备、自动售检票设备）附近，提供设备所需电源。配电箱如图 5-4 所示。

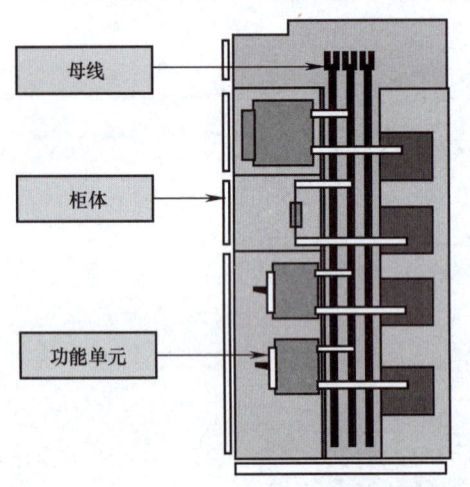

图 5-3　低压开关柜组成

图 5-4　配电箱

7) 防火阀电源配电箱。安装于车站防火阀相对集中处附近，提供给防火阀关闭电磁阀动作所需电源。

8) 照明配电箱、照明控制盘。安装于各车站照明配电室、站控室和各部分设备房，用于集中控制相应场所的一般照明、节电照明、事故照明及广告照明，实现照明配电室集中控制和站控室集中控制操作。

9) 事故照明电源装置。包括充电柜、交直流电源切换柜和蓄电池，安装于车站站台蓄电池室，实现蓄电池充电和事故照明电源交直流切换，为车站提供事故状态下的应急照明电源。

 课题二　车站照明系统

一、照明系统的功能及设计原则

照明系统在车站内尤其是地下车站有着非常重要的作用，影响乘客和工作人员在地铁车站环境中的情绪、健康、安全及车站整体装饰效果。目前,地铁车站照明系统的功能主要有:在车站内为乘客提供舒适的环境;保证特殊、危险时刻的安全和疏散工作的完成;体现一定文化内涵,如图 5-5 所示。

图 5-5　地铁照明

车站照明系统的设计原则及要求:

1) 避免使出入地铁的人员感受过大的亮度差别。
2) 保障停留在地铁内人员的安全和感觉的舒适。
3) 光源的光色和灯具的安装位置都不能导致和信号图像相混淆。
4) 照明方式:按照视觉工作程度、照度、显色性、配光及布置方法等因素选择。
5) 照明光源:按照发光的机理等因素选择。
6) 光源选择:地下铁道的车站照明以荧光灯为主;事故照明采用白炽灯;区间照明及站台下、折返线检查坑、车辆段检查坑内的安全照明采用白炽灯。
7) 灯具布置:照度充足均匀;维修方便、安全;灯泡安装容量小;布置整齐美观;与建筑空间相协调;光线射向适当、无眩光、无阴影。

车站各位置照度标准见表 5-1。

表 5-1　车站各位置照度标准

位　　置	照度/lx	度量位置
综控室	300~500	工作面
出入口(有篷)	300	地面
站长室	300	桌面
客服中心	300	桌面
公安值班室	300	桌面
装置及设备室	300	桌面
会议室	300	桌面
站台值勤室	300	桌面
自动扶梯两端	250	地面
楼梯间	200	地面
站台边缘	200	地面
站厅一般范围	180	地面
票闸范围	180	地面

(续)

位　　置	照度/lx	度量位置
售票机范围	180	地面
通道	180	地面
自动扶梯（不含广告）	150	地面
站台一般范围	150	地面
AFC票务室	150	地面
装置及设备房	150	地面

注：lx 的中文名为勒克斯，它是照度的国际单位（SI），又称米烛光。1lm 的光通量均匀分布在 1m^2 面积上产生的照度，就是 1lx。

二、照明系统分类

地铁车站通常分地下两层：站厅层和站台层，其相应的机电设备通常按车站两端（A 端和 B 端）布置。

照明系统按区域划分：出入口照明、公共区照明、区间隧道照明、电缆廊道照明。

照明系统按负荷等级分：一级负荷、二级负荷、三级负荷。一级负荷主要有：事故照明、二类导向标志照明、三类导向标志照明、四类导向标志照明、公共区工作照明、节电照明；二级负荷主要是设备区域工作照明和一类导向标志照明；三级负荷主要有广告照明。事故照明电源室的进线电源引自变电所的两段低压母线，并且采用蓄电池作为备用电源。

三、照明系统的配电方式

1）站台站厅等一般照明的配电方式为：交流双电源交叉方式供电。

2）事故照明的配电方式为：采用交流双电源互为备用供电，一路故障另一路自动启用。当两路电源均失电后，事故照明由车站两端设备的事故照明电源装置（蓄电池）供电。事故疏散诱导照明标志（图 5-6）的位置一般在车站出入口、人行通道、站厅站台侧墙、人行通道拐弯处、安全出口以及自动扶梯及楼梯口等。设置原则如下：

① 侧墙上诱导标志灯间距 10~15m，高度距地面 1m。

② 安全（疏散）出口标志灯应安装在出口的顶部或靠近出口上方的墙面上。

③ 标志灯的下边缘距门的上边缘不宜大于 0.3m，并与疏散方向垂直。

④ 标志灯的方向应指向最近的安全出口。

⑤ 当安全出口或疏散出口位于疏散走道侧面时，应在其前方位置的顶棚下设置疏散标志灯。

3）广告照明。广告照明（图 5-7）分布于站台、站厅公共区，采用荧光灯灯箱的形式。一般由照明配电室配电箱统一分配供给，而在某些地铁车站，三级负荷的广告照明与正常的其他照明的供电电源是分开的。

4）区间隧道照明。一般区间隧道照明如图 5-8 所示，由设在站台两端隧道入口处区间隧道一般照明箱配出，安装在两侧壁，每间隔 20m 一个，使用 70W 高压钠灯；疏散照明每隔 20m 一个，使用 36W 荧光灯。

图 5-6 疏散照明标志

图 5-7 广告照明

四、照明系统的控制

车站照明系统分为三级控制：就地级控制、照明配电室集中控制和综控室集中控制。

就地级控制：各设备及管理用房进门处设有就地开关箱或盒，可控制相应设备及管理用房的一般照明；区间隧道一般照明受设于隧道两端入口处的区间隧道一般照明配电箱控制。

照明配电室集中控制：照明配电室内设有相应照明场所的照明配电箱，可在室内集中控制相应场所的一般照明、节电照明、事故照明及广告照明；正常情况下，配电箱所有开关均应合上，以便通过就地级控和综控室集中站控相应场所照明。

图 5-8　区间隧道照明

站控室集中控制:实现对站台、站厅公共区的一般照明、节电照明、广告照明的手动/自动控制转换和人工控制及区间隧道一般照明手动控制;在 EMCS 上可监控站台、站厅公共区一般照明、节电照明、广告照明的工作状态(手动/停/自动)。

【技能训练】

　任务一　低压开关柜日常巡查

一、实训目的

学生应学会在值班工作中正常巡视检查、低压开关柜的操作及事故的处理,为日后的工作打下基础。

二、实训准备

操作低压设备时,必须站在绝缘垫上,穿绝缘鞋、戴棉纱手套、避免正向面对操作设备。

三、实训内容

1. 低压开关柜的巡视检查

1) 仪表信号、开关位置状态的指示应对应,三相负荷、三相电压指示正确。
2) 整个装置的各部位有无异常响动或异味、焦煳味;装置和电器的表面是否清洁完整。
3) 易受外力振动和多尘场所,应检查电气设备的保护罩、灭弧罩有无松动、是否清洁。

4）低压配电室的门窗是否完整，通风和室内温度、湿度，应满足电器设备的要求。

5）室内照明完好，备品备件是否满足运行维修的要求，安全用具及携带式仪表是否符合使用要求。

6）断路器、接触器的电磁线圈吸合是否正常，有无过大噪声或线圈过热。

7）异常天气或发生故障及过负荷运行时应加强检查、巡视。

8）设备发生故障后，重点检查熔断器及保护装置的动作情况，以及事故范围内的设备有无烧伤或毁坏情况，有无其他异常情况等。

9）低压配电装置的清扫检修一般每年不应少于两次。其内容除清扫和测试绝缘外，主要检查各部位连接点和接地点的紧固情况及电器元件有无破损或功能欠缺等，应妥善处理。

10）浪涌抑制器状态指示正常。

2. 低压总柜的送电操作

1）在变压器送电前，低压总柜控制面板上的指令开关应置于"停止"位置，次级分户开关和电容柜开关应处于断开位置。

2）低压总柜的手动操作：变压器送电后，检查低压总柜的电压表指示应在正常范围。将低压总柜控制面板上的指令开关转到"手动"位置，按下操作面板上的绿色"启动"按钮，低压总柜将合闸送电。

3）低压总柜的自动操作：将低压总柜控制面板上的指令开关转到"自动"位置，在高压环网柜给变压器送电后，低压总柜将自动延时合闸送电。

4）在紧急情况下，低压总柜合不上闸时，可用手按下万能式断路器的绿色"启动"按钮合闸供电。

3. 低压总柜的停电操作

1）在低压总柜停电前，首先检查所有次级分户开关和电容柜开关应处于断开位置。

2）按下低压总柜控制面板上的红色"停止"按钮将停止供电，检查指示灯应熄灭，电压表指示应归零。

3）在紧急情况下，低压总柜分不了闸时，可用手按下万能式断路器的红色"停止"按钮分闸停电。

4）联络柜的手动操作：将控制面板上的指令开关转到"手动"位置，按下控制面板上的绿色"启动"按钮（或红色"停止"按钮），联络柜将合闸（或分闸）。在紧急情况下，可按下万能式断路器的绿色"启动"按钮（或红色"停止"按钮），联络柜将合闸（或分闸）。

5）联络柜的自动操作：将控制面板上的指令开关转到"自动"位置，在低压总柜得电后联络柜将延时自动合闸，在低压总柜失电后将自动分闸。

安全注意事项：

自动空气开关跳闸或熔断器熔断时，应查明原因并排除故障后，再行恢复供电，不允许强行送电，必要时允许试送电一次。

长时间停电后首次供电时，应供、停三次，以警示用户，若有触电者可迅速脱离电源。

低压开关柜巡查记录表见表5-2。

表 5-2 低压开关柜巡查记录表

工单编号：　　　　　　　　　　　　　　　　　　车站名称：

检查项目	检查内容与要求	检查结果	备注
外观	巡视设备外观，污染、机械损伤		
运行状态	巡查设备运行状态，听、看、嗅，查抄电压电流表，有无故障报警指示		
	检测设备运行温度		
	巡查设备房温度		
线路外观	巡查线路外观，污染、机械损伤、外皮温度、过载老化、插头温度		
灯具	巡查灯具，外壳防护、光源		

巡查人：　　　　　　　　　　　　　　　　　　巡查日期：

四、实训考核

考核内容	考核标准	得分
实训项目	低压开关柜安全送电（20分）	
	低压开关柜安全停电（20分）	
	低压开关柜日常巡查：认真仔细，按照巡查步骤（20分）	
	低压开关柜巡查记录表填写规范，内容真实、完整（20分）	
	遵守安全注意事项（20分）	
	合计	

任务二　照明系统故障应急处理

一、实操目的

通过实训，掌握照明系统故障应急处理流程，保障车站正常运行和乘客有序、安全的疏散。

二、实训准备

应急照明灯、应急广播。

三、实训内容

1. 应急照明系统

应急照明是在正常照明系统因电源发生故障，不提供正常照明的情况下，供人员疏散、保障安全或继续工作的照明。

（1）应急照明分类　应急照明可分为疏散照明、安全照明和备用照明。

疏散照明：当正常照明因电源故障熄灭后，在事故情况下为确保人员安全地从室内撤离而设置的照明。地铁的疏散照明由疏散照明灯、出口标志灯、指向标志灯组成。车站公共区的疏散照明为正常照明的一部分；在地下站站厅、站台的出口，车站通向站外的出入口处均应设置出口标志灯，其安装高度以 2.2~2.5m 为宜；在站厅、站台、楼梯、通道及通道拐弯处等不能直接看见或不能看清出口标志灯的位置设指向标志灯，其安装间距不大于 15m（转弯处不大于 1m）；对于袋形走道，不大于 10m。

安全照明：在正常电源发生故障时，为确保处于潜在危险中人员的安全而设的应急照明。

备用照明：平时可以和正常照明一样工作，在正常照明出现故障时，为保证正常活动继续而设置的照明。在地铁中，如综控室、综合监控室、消防水泵房等在火灾时仍需正常工作的场所，应急照明应保持正常照明的照度；如配电室、通信设备室、信号设备室、变电所等重要的设备用房，其备用照明的照度不应低于正常照明照度值的 10%。

（2）应急照明供电方式　地铁中的应急照明一般通过市电电源和后备电源两种方式供电，其中，后备电源在发生火灾或者重大险情时可以起到良好的保障作用，常用的后备电源主要有由发电机组等组成的旋转型后备电源和由充电机、蓄电池组、逆变器、自动切换装置及交流配电屏组成的静止型后备电源。主要分为 EPS 和 UPS 两大类。

EPS（Emergency Power Supply）是应急电源，在市电故障时，能够继续向负载供电，确保不停电，以保护人民生命和财产的安全。UPS（Uninterruptible Power System）是不间断电源，在市电出现异常和突然中断时，它能持续一定时间为设备供电，给用户充裕的时间应对工作。

2. 照明系统故障应急预案

地铁车站停电的范围和造成的影响是非常大的，在应对车站大面积停电的时候，我们应以"安全第一"，在事故处理过程中坚持"统一指挥、快速反应、各司其职、密切配合"的原则，力争尽快修复故障、恢复正常运营，减小事故造成的影响。

1）把乘客的安全放在第一位，在安全得到保证的基础上，最大限度地提高服务质量水平。

2）在事故发生后的第一时间内，车站值班人员和列车司机就应利用广播向乘客发布相关信息，稳定乘客情绪，引导乘客配合地铁工作人员的指挥有序地进行疏散。

3）告知乘客列车运行状况，必要时规劝乘客选择其他交通方式出行。

车站客运组织工作分成以下几个方面进行：

（1）车站人员疏散　当车站动力供电中断影响到乘客的正常出行，或列车牵引供电中断造成停站的列车无法继续运行时，需要进行车站人员疏散。

车站照明中断后，车站工作人员应安抚乘客情绪并寻求乘客配合，同时立即将存放在车站的大功率应急照明灯布置在车站关键部位，以利于乘客的有序疏散。在疏散过程中，要打开所有闸机通道和边门，关闭自动售票机，并及时播放应急广播进行引导。此外，还要在关键点位进行人员布控，包括闸机、楼梯（电扶梯）口和出入口，这些地点都是容易造成乘客拥堵的关键"节点"，需要重点加强引导和防范。此外，对站台两端端头门也应进行控制，防止乘客误入区间。在此过程中，车站人员应联系驻站民警维持好疏散秩序，并重点做好对特殊乘客（老、弱、病、残、幼等）的照顾。在条件允许的情况下，尽可能做好对已购票乘客的票务处理工作，如现地退票或授权乘客可持票在限定期限内再次乘坐地铁。如果形势紧急，则应以疏散为主。待乘客全部疏散完毕后，对车站进行关闭，并在所有出入口发布闭站公告。

（2）区间人员疏散　当列车牵引供电中断造成列车在区间无法运行并在短时间内无法恢复时，需要对列车上的乘客进行区间疏散，列车在区间疏散应得到行车调度员的许可。

列车在区间停车后，司机应第一时间与行车调度员联系，确认故障情况，听从行车调度员的指挥。在停车过程中，司机应保证列车通风系统正常运行，并通过列车广播对乘客进行引导，稳定乘客情绪。在疏散之前，行车调度员应通知车站派人进入区间进行向导。引导人员在进入区间之前，应按规定穿着荧光背心，携带通信工具及应急照明设备，如果区间有岔线或是临时存车线，还应在这些部位安排人员进行防护，以防乘客进入，在站台端头也应安排人员进行接应。环调则应负责开启区间照明，启动环控"列车阻塞"模式，对区间进行送风。

当车站接应人员到达故障车停留位置以后，行车调度员下达区间疏散的命令，司机打开距离车站较近一端的列车紧急疏散门进行疏散。当乘客由区间进入车站后，再按车站人员疏散程序将这部分乘客疏散出站。

（3）地面交通接驳　如果大面积停电发生在客流高峰时段，影响范围广且短时间内不易恢复时，为及时将地铁乘客转移到目的地，减轻车站压力，应及时启动地面交通接驳方案，联系城市客运管理部门，安排公交车和出租车进行支援。

在与公交客管部门进行联系时，应当说明地铁车站出入口的位置、预计疏散的乘客人数，以及需要接驳的公交车（或出租车）数量。

四、实训考核

自己根据实训环境进行照明系统故障情景设置，学生5~6人一组，分行调、值班站长、站务员、司机、乘客等角色先完成排练脚本，再结合实训环境完成照明系统故障处理模拟演练。

考核内容	考核标准	得　分
演练方案	方案设计完整、流程正确（15分）	
演练准备	角色分配合理（10分）	
	工具选用正确（10分）	
演练过程	各岗位工作人员按章操作（20分）	
	信息沟通完整（15分）	
	语言表达流畅（15分）	
	成员配合默契（15分）	
合计		

【小案例】——科技创新，责任担当

变电所是地铁运行的"能量站"，主要负责电能的供应与传输，为列车和车站所有用电设备设施提供电能。平日里，工作人员通过"一听、二看、三经验"进行日常巡检工作，每7天巡查一次，确保变电所内各类供电设备运转良好，保障地铁用电设备安全可靠运行。

2021年2月初，京港地铁在4号线马家堡车辆段变电所试点使用智能巡检机器人。智能巡检机器人每天会按照预定的流程，沿着开关柜上方的导轨"走"到每个机柜前，对变电所内供电设备的电压电流表计、指示灯状态、旋钮位置、保护装置状态、温度、湿度、噪声、红外温度及局部放电等进行检测、读取状态信息。机器人还可以多角度旋转、上下伸缩，确保巡视点位多方位覆盖，并通过智能化的数据分析功能实现实时预警，让巡检工作更智慧，用科技提升运维水平，保障乘客优质出行体验。

京港地铁试用智能巡检机器人代替人工，进一步提升了巡检工作的效率及精准度。科技的发展，得以在行业里恰当应用，实现运维水平的提升。

【课后习题】

一、单选题

1. （　　）将低压电力安全、可靠、合理地配置给各个用电负荷。
A. 低压开关柜　　　B. 电缆　　　C. 配电箱　　　D. 控制柜

2. 站厅和站台照明属于（　　）负荷。
A. 一级　　　B. 二级　　　C. 三级　　　D. 其他

二、判断题

1. 地下铁道的车站照明以荧光灯为主；事故照明采用白炽灯；区间照明及站台下、折返线检查坑、车辆段检查坑内的安全照明采用白炽灯。（　　）

2. 雨水泵控制柜，安装于地下隧道入口处雨水泵控制室内，用于地下隧道入口处雨水泵运行控制。（　　）

3. 广告照明属于照明二级负荷。（　　）

4. 应急照明是在正常照明系统因电源发生故障，不提供正常照明的情况下，供人员疏散、保障安全或继续工作的照明。（　　）

5. 照明系统故障应急处理中应以"安全第一"为前提。（　　）

三、问答题

1. 低压配电系统供电重要程度分为三个级别，分别包括哪些设施设备？
2. 请说出低压开关柜的定义。
3. 简述车站照明系统的设计原则及要求。
4. 照明系统按区域分为哪几类？
5. 事故照明的配电方式是什么？

06

单元六　通风空调系统

【学习导入】

城市轨道交通中有非常多的地下车站，地下车站及区间隧道是狭长的地下建筑，仅以出入口、送排风口与外界相通。由于特殊的建筑形式和列车运行使得地铁环境具有如下特点：列车运行过程中产生大量的热被带入车站；地铁列车运行时产生活塞效应，若不能合理利用，易干扰车站的气流组织，影响车站的负荷；列车及各种设备的运行产生的噪声不易消除，对乘客造成很大影响；地层具有蓄热作用，随着运营时间的增加，地铁系统内部的温度会逐年升高；当发生火灾事故时，将导致环境恶化，不易救援。因此采用地铁通风空调系统来保障乘客和工作人员的舒适安全，保障机电设备的正常运行。GB 50157—2013《地铁设计规范》要求："地铁的通风、空调与供暖系统应保证地铁内部空气环境的空气质量、温度、湿度、气流组织、气流速度、压力变化和噪声等均能满足人员的生理及心理条件要求和设备正常运转的需要"。本章详细介绍了地铁通风空调系统的构成、主要设备和控制运行，并要求学生能够完成紧急状态下通风空调系统的操作。

【学习目标】

能力目标
1. 能够认知通风系统主要设备。
2. 能够认知空调系统主要设备。
3. 能够完成紧急状态下通风空调系统的操作。

知识目标
1. 掌握通风空调系统的功能。
2. 掌握通风系统的工作原理和主要设备。
3. 掌握空调系统的工作原理和主要设备。

素质目标
1. 安全操作意识。
2. 紧急乘客事务处理能力。
3. 沟通协调能力。
4. 团队合作能力。

【理论知识】

 课题　车站通风空调系统概述

一、通风空调系统功能

地铁车站的通风空调系统是指在地铁车站（站厅、站台、出入口通道）、区间隧道、车站内设备及管理用房进行空气环境处理，通过通风系统和空调系统对区域内的温度和湿度进行调节，满足车站和列车正常运行。功能如下：

1）正常情况下，排除余湿余热，保证地铁内部空气环境在规定标准范围内，为乘客和工作人员提供舒适的乘车环境。

2）满足车站内设备用房和管理用房正常运行所需温度和湿度的要求。

3）车站内发生火灾时，进行合理的气流组织，及时排烟，诱导乘客疏散。

4）列车在区间隧道阻塞时，保证阻塞位置的通风，满足列车空调系统正常运行的要求。

二、通风空调系统构成

地铁通风空调系统按照位置分为车站通风空调系统和隧道通风系统。

1. 车站通风空调系统

（1）公共区通风空调系统　城市轨道交通车站的站厅、站台层公共区是乘客活动的主要场所，也是环控系统空调、通风的主要控制区。公共区通风空调系统的作用是通过空调或机械通风来排除车站公共区的余热余湿，为乘客创造一个舒适的乘车环境，并在发生火灾时通过机械排风方式进行排烟，使车站内形成负压区，新鲜空气由外界通过人行通道或楼梯口进入车站站厅、站台，便于乘客撤离和消防人员灭火。公共区的通风空调简称为车站大系统。站台、站厅层的通风按照季节分为通风系统和空调系统。

1）通风系统。在每年的十月至次年的五月中旬，地下车站通过车站配置的通风系统向站台和站厅输送新鲜空气。室外的空气从地铁地面的风井进入，经过风机加压，输送到风道中的表冷器，再经过风道输送到站台层和站厅层。

公共区通风大系统主要设备有：组合式空调机组、回/排风机、风阀、风管和风道等，如图 6-1 所示。

图 6-1　公共区通风大系统主要设备
a) 表冷器　b) 风机　c) 风阀　d) 风管

目前，城市轨道交通中风机形式常见的有三种：贯流风机、离心风机和轴流风机，其中轴流风机的特点是占地面积小、结构简单（由机壳、叶轮、静叶支撑、整流罩、电机、电源接线盒等组成）、便于维修、风压较低、噪声较高、风量大、效率较高且接管方便，正好符合地下工程通风空调系统的特点。一般车站站厅层、站台层公共区用的回/排风机和区间隧道用的 TVF（兼容排烟功能）均属此类，其他还有一些小型的轴流风机，如在城市轨道交通设备管理用房小系统中采用的送/排风机均采用轴流风机（含混流风机）。

城市轨道交通工程由于内部空间狭小，层高有限，很多风道采用建筑风道，另外在设备用房小系统中排风、回风、排烟等管路存在复用的形式，运行模式的转换通过风阀来进行。造成城市轨道交通工程中车站内使用了大量的风阀，其主要类型分为：组合风阀、单体风阀（防火阀、排烟防火阀等）两类。电动组合风阀是组织城市轨道交通通风空调系统各种模式运行的主要部件，承担着不同模式下系统风量的分配，通过控制不同位置上风阀的开关状态改变气流路径、实现系统功能（排风、排烟、送风）的切换。

2）空调循环水系统。在每年的六月至十一月左右，地下车站由空调系统向站厅站台输送冷风。车站空调制冷循环水系统的作用是为车站内空调系统制造冷源，将其供给车站空调大、小系统中的空气处理设备，同时通过冷却水系统将热量送出车站。

空调循环水系统的主要设备包括冷水机组、水泵、冷却机、水阀和管路等，如图 6-2 所示。

冷水机组有螺杆式、活塞式及离心式三种。螺杆式冷水机组是迄今为止国内城市轨道交通空调系统中采用最为广泛的一种制冷装置，它是由螺杆式压缩机，冷凝器，蒸发器，干燥

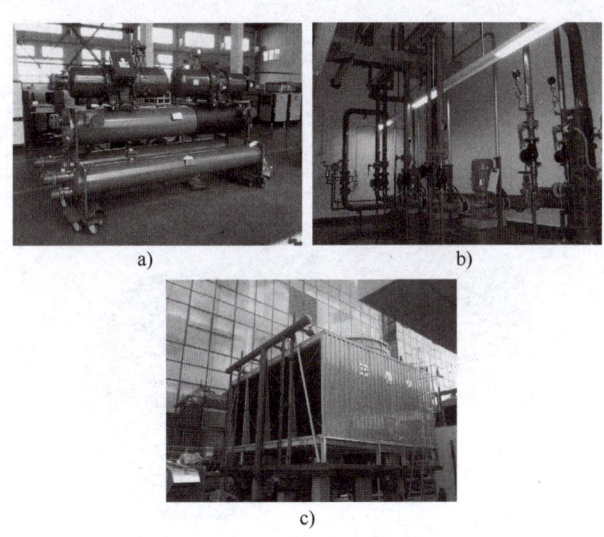

图 6-2 公共区空调循环水系统主要设备
a) 冷水机组　b) 水泵　c) 冷却塔

过滤器，吸气过滤器，油分离器，油冷却器，油滤器和自动控制、自动保护装置组成。

（2）设备及管理用房通风空调系统　车站的管理及设备用房区域内主要分布着各种运营管理用房和控制系统的设备用房，机房一般布置在车站两端的站厅、站台层，站厅层主要集中了通信、信号、环控电控室，低压供电、环控机房以及车站的管理用房，站台层主要布置的是高、中压供电用房。

车站设备及管理用房通风空调系统又简称小系统，其作用是通过对各用房的温湿度等环境条件的控制，为管理、工作人员提供一个舒适的工作环境，保障各种设备正常运行。示意图如图 6-3 所示。

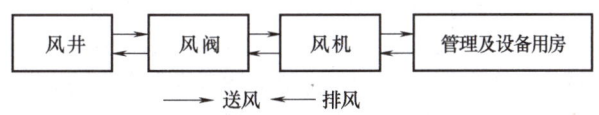

图 6-3　设备及管理用房通风空调系统示意图

由于各种用房的设备环境要求不同，温湿度要求也不同，根据各种用房的不同要求，小系统的空调、通风基本上根据以下四种形式分别设置独立的送风和（或）排风系统：

1）需空调、通风的用房，例如通信、信号、车站控制、环控电控、会议等用房。
2）只需通风的用房，例如高、低压，照明配电，环控机房等用房。
3）只需排风的用房，例如洗手间、储藏间等。
4）需气体灭火保护的用房，例如通信、信号设备室，环控电控室，高低压室等。

车站小系统的设备组成主要包括为车站的设备及管理用房服务的轴流风机，柜式、吊挂式空调机组及各种风阀，在火灾发生时，通过机械排风方式进行排烟，有利于工作人员撤离和消防人员灭火。在气体灭火的用房内关闭送、排风管进行密闭灭火。

2. 隧道通风系统

隧道通风系统的设备主要由分别设置在车站两端站厅、站台层的四台隧道通风机（图6-4），以及与其相应配套的消声器、组合风阀、风道、风井、风亭等组件构成，其作用是通过机械送、排风或列车活塞风作用排除区间隧道内余热余湿，保证列车和隧道内设备的正常运行。

图 6-4　隧道风机

在每天清晨运营前的半小时需打开隧道风机，进行冷却通风，既可以利用早晨外界清新的冷空气对城市轨道交通进行换气和冷却，又能检查设备，及时维修，确保事故时能投入使用。

三、通风空调系统的控制级

1. 中央控制

中央控制（OCC）在控制中心，是以中央监控网络和车站设备监控网络为基础的网络系统，对全线的通风及空调系统进行监控，向车站下达各种运行模式指令或执行预定运行模式。

2. 车站控制

控制装置设在各车站控制室，配置车站级工作站和综合后备盘；可监视车站管辖范围内的隧道通风系统、车站大小系统和水系统，及时向 OCC 传送信息，执行中央控制室下达的各项运行模式指令。车站火灾发生时，车站控制室作为车站指挥中心，与火灾报警系统协调工作，根据实际情况将有关通风空调系统转入灾害模式运行。

3. 就地控制

环控系统的各种设备，如风机、空调机、冷水机组、水泵等在其近处设有电源控制开关（部分设备设在环控电控室），便于设备调试、检修时现场使用。就地控制在三级控制中具有绝对优先权，即就地控制时，车站控制室和中央控制室仅接收其操作信号，对其控制失效。

四、通风空调系统的工作模式

1. 通风运行工况和空调运行工况

地铁通风空调系统按季节分为两种工况：通风运行工况和空调运行工况。

通风运行工况就是车站站厅、站台进行通风。不启用空调设备，启用设备有风机、排热风机、回排风机等。

空调运行工况就是车站站厅、站台采用中央空调设备进行送、排风。启用空调风机、冷水机组、冷却水泵、冷却塔等。

在地铁车站和隧道内通风和空调系统的选择遵循：优先采用通风系统；当夏季当地最热月的平均温度超过25℃，且地铁高峰时间内每小时的行车对数和每列车车辆数的乘积大于180时，可采用空调系统；当夏季当地最热月的平均温度超过25℃，全年平均温度超过15℃，且地铁高峰时间内每小时的行车对数和每列车车辆数的乘积大于120时，可采用空调系统。

2. 火灾工况

（1）站厅、站台火灾　列车火灾及站台火灾时，应使站台到站厅的上、下通道间形成向下气流，使乘客从站台迎着气流撤向站厅和地面，因此，除车站的站台回、排风机运转向地面排烟外，其他车站大系统的设备均停止运行。

站厅发生火灾时，站厅回、排风机全部启动排烟，大系统其他设备均停止运行，使得出入口通道形成由地面至车站的向下气流，乘客迎着气流方向撤向地面。

（2）设备用房、管理用房火灾　火灾时，设备用房和管理用房通风空调系统开启排烟模式，排烟分区所对应的排烟风机启动，将浓烟排出站外。

（3）区间隧道火灾　当列车由于各种原因停留在区间隧道内，而乘客不下列车时，顺列车运行方向进行送—排机械通风，冷却列车空调冷凝器等，使车内乘客仍有舒适的旅行环境；当列车发生火灾时，应尽一切努力使列车运行到车站站台范围内，以利于人员疏散和灭火排烟。当发生火灾的列车无法行驶到车站而被迫停在隧道内时，应立即启动风机进行排烟降温；隧道一端的隧道风机向火灾地点输送新鲜空气，另一端的隧道通风机从隧道排烟，以引导乘客迎着气流方向撤离事故现场，消防人员顺着气流方向进行灭火和抢救工作。

【技能训练】

任务　设备和管理用房的排烟操作

一、实训目的

通过实操任务，能够使用IBP完成车站设备和管理用房的排烟操控。

二、实训准备

IBP手动操作钥匙。

三、实训内容

2003年2月18日，韩国大邱市地铁中央路站发生火灾，死亡135人，受伤137人，失踪318人，精神病患者将装满液体燃料的瓶子抛在车厢内、地板上，很快就引燃了座椅上的塑料物质和地板革。由于地铁是人员密集的地下建筑，而且相对来说地下车站直接出入地面的出口较少且距地面较远；另据国内外的资料分析，发生火灾时造成的人员伤亡，绝大多数是被烟气熏倒、中毒、窒息所致。因此排烟设计在城市轨道交通中显得尤为重要。

地铁设备用房内集中了通信、信号、环控电控室、低压供电、环控等重要系统设备，在发生火灾时对车站整体防灾灭火有着非常重要的作业，管理用房是车站工作人员的工作场所，为了保证地铁工作人员的工作环境和设备的正常运行，地铁车站设备管理用房需要进行及时快速的排烟灭火。

1）将排烟系统的控制权设为手动，使用钥匙打到有效位置，如图 6-5 所示。

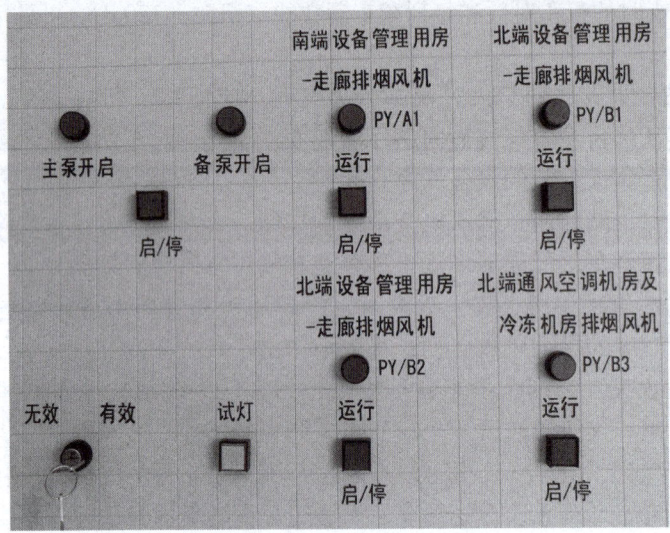

图 6-5　IBP 排烟操作界面

2）通过 IBP 手动发出设备管理用房排烟指令，操作如下：

① 按下南端设备管理用房-走廊排烟风机 PY/A1 按钮，指示灯亮起，风机处于运行状态。

② 按下北端设备管理用房-走廊排烟风机 PY/B1 按钮，指示灯亮起，风机处于运行状态。

③ 按下北端设备管理用房-走廊排烟风机 PY/B2 按钮，指示灯亮起，风机处于运行状态。

④ 按下北端通风空调机房及冷冻机房排烟风机 PY/B3 按钮，指示灯亮起，风机处于运行状态。

四、实训考核

自己根据实训环境进行站台门故障情景设置，学生两人一组，一人操作，一人检查打分，再完成 IBP 车站设备和管理用房的排烟的操控处理模拟演练。

考核内容	考核标准	得　分
演练方案	方案设计完整、流程正确（20 分）	
演练准备	工具选用正确（20 分）	
演练过程	具体操作流程规范、完整（60 分）	
合计		

【小案例】——绿色环保，可持续发展

2020年度国家科学技术奖励大会在人民大会堂隆重举行，一批为国家现代化建设作出杰出贡献的科技工作者登上光荣的领奖台。北京城建设计发展集团党委书记、副总经理李国庆参与研发的"建筑热环境理论及其绿色营造关键技术"，以取得的显著经济和社会效益受到评委会高度认可，荣获国家科学技术进步奖二等奖。

项目组围绕建筑热环境理论及其绿色营造关键技术研发与工程应用，制定了动态热环境营造技术标准体系，研发了热环境智慧节能、高效调控关键技术与装备，构建了我国建筑热环境绿色营造标准体系，成果应用于北京地铁、杭州地铁等30余项重大工程，近3年新增产值35.72亿元，新增利润4.73亿元，取得了显著的经济和社会效益。这对于我国的轨道交通及建筑节能减排起到极大的支撑作用，是全面贯彻中央新发展理念，实现碳达峰、碳中和目标做出的切实有效的举措。

李国庆历时20余年，孜孜不倦，爱岗敬业，克服种种困难，通过理论方法研究、关键技术研发、产品研制及工程设计应用等，取得了一系列创新成果，突破了高耗能等理论和技术瓶颈。

【课后习题】

一、判断题
1. 地铁通风空调系统按照位置分为车站通风空调系统和隧道通风系统。（ ）
2. 车站公共区的通风空调系统简称为车站大系统。（ ）
3. 目前城市轨道交通中风机形式常见的有三种：贯流风机、离心风机和轴流风机。（ ）
4. 空调循环水系统的主要设备包括冷水机组、水泵、冷却机、水阀和管路等。（ ）

二、问答题
1. 简述车站通风空调系统的功能。
2. 简述车站通风空调系统火灾工况运行模式。

07

单元七 广播系统与乘客信息系统

【学习导入】

广播系统是城市轨道交通运营行车组织的必要设备，能为乘客及工作人员提供语音信息播报服务。它是将各种语音信息传递到用户的一种通信方式，它具有快速响应的能力。城市轨道交通系统需要更多更便捷的广播系统以为乘客提供服务。

随着时代的发展，城市轨道交通文化的丰富，现代城市轨道交通不再仅仅只是一项交通工具，它更多的是作为社会沟通与文化传播的窗口，为人们的出行、广告、通信、购物及娱乐等提供一个多样化的信息空间。乘客信息系统（Passenger Information System，PIS）在此需求下应运而生。城市轨道交通的主要服务对象是乘客，国内外许多城市的轨道交通运营管理都强调"以人为本"的服务理念，因此，在各城市轨道交通建设中，都非常注重PIS的建设。PIS可以为乘客提供直观、高效和人性化的服务，通过正确的服务信息引导，使乘客安全、便捷地乘坐轨道交通，同时极大地提高了城市轨道交通的服务水平、运营效率、市场竞争力及应急处理能力。

【学习目标】

能力目标
1. 能够识别各种类型的乘客信息系统。
2. 能够明确各种广播系统的区别。

知识目标
1. 掌握广播系统的功能、组成及控制级别。

2. 掌握乘客信息系统的功能、组成及种类。

素质目标
1. 识别乘客信息系统的意识。
2. 认识设备的能力。
3. 团队合作能力。

 课题一 广 播 系 统

城市轨道交通中使用的广播系统可以通过控制中心的操作终端指挥整条线路的广播，使整条线路的每个车站的广播系统既独立又成为统一的整体，如广州地铁1号线采用的广播系统是德国西门子AG提供的VARIODYN3000系列，其主要功能是向广大乘客发布有关时间、列车延时、车次变动、行车安全、紧急情况及突发事件等信息。

一、广播系统的功能

在城市轨道交通运营中，广播系统主要用于控制中心调度人员及车站值班员向车站乘客通告城市轨道交通列车运行以及安全、向导等服务信息；向工作人员发布作业通知；公众语音广播；当车站发生火灾等灾难时，广播系统可兼作消防广播用途，广播包括防灾内容紧急广播。广播系统的具体功能如下：

1. 对乘客广播

通知乘客安全状况、列车到站、列车离站、列车误点、线路换乘及时刻表的变更等信息，播放音乐以改善候车环境或发生意外情况时疏导乘客。其广播范围包括站台、站厅及列车车厢等场所。

2. 对运营人员广播

主要是发布有关的通知消息，使有关工作人员协同配合工作，其广播范围包括站台、站厅、办公区、隧道及车辆段范围内的运用库、段内道岔群附近及人行道等。

3. 防灾广播

突发或紧急情况时，组织指挥事故抢险，提高应急响应能力。

二、广播系统的控制级别

广播系统主要由控制中心广播、车站广播和车辆段广播三级组成，为了运营防灾的需要，控制中心环控调度员有最高优先权。控制中心播音控制台上输出的语音信号和控制信息，经过光传输系统传到各个车站，由车站广播控制设备接收。车站设备根据中心发来的指令，控制启动车站广播执行装置，语音经放大均衡后播送到指定的广播区域。同时，车站广播控制设备亦将本站执行的状态反馈传送到控制中心，并在控制中心播音控制盒上显示，来完成中心调度对车站的选路、选站、选区遥控操作和指挥。

当控制中心不操作时，各车站广播均能独立自主地实现自控操作。在优先级上，各岗位由高至低依次是：环控调度、行车调度、维修调度；控制中心调度员高于车站值班员，站长广播台高于站台广播员。同一广播优先级时，预存语音信息高于人工播音，通常预存信息防灾广播优先级最高。当多等级信息相继触发时，中断正在播放的广播，自动进入按序等待状态。中心广播台设置在控制中心，具有语音和信号等控制功能，供环控调度、行车调度及维修调度等使用。正常情况下以车站广播为主；事故抢险及组织指挥时，以控制中心防灾广播为主。在紧急情况下，调度人员可对中心和车站任何区域广播；站长广播台设于车站控制室，有语音、信号及各种控制功能，有人工广播、线路广播、预存广播，车站值班员可对站台、站厅、办公区广播；站台广播设于站台中部的墙上，每个站台一个，对站台定向广播；轨旁广播设于车辆段或地面站轨道沿线，对检修区域定向广播。

城市轨道交通车站广播区分为上行站台、下行站台、售票区、站厅、出入口和办公区等。当城市轨道交通发生故障或灾害时，广播系统自动转为抢险通信设备，环控调度员具有最高优先权。

系统对该站台进行定向人工广播。控制台内部设有自动压限电路，当用话筒广播或播放语音合成的内容时，将自动压限外部线路输入的信号，实现插播功能。语音合成器可存入多条语音信息。系统中的网络控制器可控制各广播的优先级，优先级可由网管进行修改。中心配备数字录音装置，可对控制中心的环调和行调广播内容进行录音。该录音装置对语音信号采取 MP3 实时压缩处理，以数字形式进行存储，并记录广播的日期、起始时间、结束时间、控制台编号、广播对象及语音内容等。在存储器起始端制作并查询目录，方便管理人员查询。同时，在电路设计中设有防修改电路，保证记录内容真实可靠，录音方式为 24h 循环录音。在各车站的站台及站厅等旅客公共区域处设置噪声传感器，噪声传感器将检测到的噪声信号传到噪声检测控制器，实现噪声监测功能。在控制中心配置有一台网管微机，该网管微机与中心的网管控制器连接，随时接收网管控制器发来的车站信息，将信息处理后在监视器上显示出来，能监测系统中各设备的运行状态。当有广播操作时，输出切换控制器将收到的信息进行处理，检查各广播区和功放的开关情况，根据预先设定的功率进行核算，在同一广播源的情况下，如广播区的负载没有超过一台功放的功率，即启动一台功放工作，当广播区的负载超过一台功放的功率时，即自动启动另一台功放工作。以此类推，达到最佳的功率匹配，提高设备的利用率。为增加系统的可维护性及可靠性，在设备维护期间，不得使广播出现中断，除车站广播控制系统的主播通道外，在广播控制器上另设置了内置话筒的应急广播设备，当正常的控制通道、语音通道或部分设备故障时，广播员可通过应急系统进行直接广播，面板上设置了多路编组广播区选择键，广播员可预置不同的广播区组合。应急系统由独立电源供电，由噪声检测控制器直接调整功率放大音量。

三、广播系统的组成

1. 车站广播系统

车站广播系统主要由车站广播控制终端、车站广播控制台、站台监察亭控制终端、站台监察亭广播控制台、广播机柜设备（含车站广播控制单元、功率放大器、电源时序控制器）、噪声传感器、扬声器、线缆、车控室广播台（话筒）以及车站广播设备等设备构成。车控室广播台配有控制键盘，可以对本站范围内的广播区进行选择和播音；车站广播设备具有接口控制功能和信号放大功能；扬声器作为广播终端设备能将广播信息传递到选定的区域。

车站广播系统允许对车站内的四个播音区进行广播，包括从控制中心播音和从本车站播音，四个播音区分别是站台1（上行）、站台2（下行）、站厅和办公区域。

（1）从控制中心播音　在中央控制室配置有三个广播播音台，即列车调度播音台、电力调度播音台、环境控制调度播音台。三个播音台之间实施互锁，即当一个播音台在广播时，其他播音台不能插入或使其中断播音。三个播音台均配有麦克风和选择键盘，用来对各车站或各区域进行选择播音。在通信机房内设有前置放大器、功能控制与接口单元等广播设备。麦克风发出的语音信号经过前置放大器放大后，通过电缆中间的一对专用屏蔽线将信号送达所需广播的地点。选站键盘送出的播音区域选择信号，通过控制与接口单元，由专用通信信道送达各车站广播设备的控制单元。

控制中心广播系统可以实现以下播音功能：

1）对所有车站的所有区域通过键盘选择后进行播音。
2）对每个运行方向的站台通过键盘选择后进行播音。
3）对每个车站的所有广播区域通过键盘选择后进行播音。
4）对全部车站的各个广播区域通过键盘选择后进行播音。

控制中心内的每个播音台均装有扬声器，可以对播音进行监听。

（2）从本车站播音　各车站的行车值班室内配备带有麦克风和选择键盘的播音台，两台之间实施互锁，在车站的通信和机电室内设有前置放大器、功能控制与接口单元等车站广播设备，这套广播设备可以供本站播音员向本站各广播区域进行播音，还可转接控制中心发来的调度员播音，在本站行车值班室可以对播音进行监听。

各车站的广播播音台对本站的四个广播区域进行播音时具有优先权，即本站播音键盘选择键按下后，既接通了该广播区域的广播电路，又中断了控制中心调度台送来的广播播音信号。

2. 控制中心广播系统

控制中心广播系统主要由行车调度广播台、电力调度广播台、环控调度广播台、中心广播控制终端、中心广播控制台、中心广播机柜设备、中心网络管理服务器及控制中心广播设备（控制器、语音信号处理器等）组成。

课题二　乘客信息系统

现代城市轨道交通系统的运营管理越来越注重对乘客服务质量的提高，乘客信息系统（PIS）与城市轨道交通信号系统相连接，它是依托多媒体网络技术，以计算机系统为核心，以车站和车载显示终端为媒介向乘客提供信息服务的系统。在常态下，乘客信息系统为乘客提供乘车须知、列车到发时间、服务时间、列车时刻表、政府公告、出行参考、媒体新闻、股票信息、广告以及赛事直播等实时动态多媒体信息；在火灾、阻塞及恐怖袭击等非常态下，中断其他信息的播出，为旅客提供动态紧急疏散服务信息。合理地使用乘客信息系统能提升地铁运营服务形象和服务质量。而且可以让乘客通过触摸屏自行查询气象信息、车站周边情况、换乘信息、新闻等各种资讯，为广大乘客提供一个便利的信息平台，同时也给城市轨道交通运营公司带来新的商机。

乘客信息系统利用数字电视技术与网络基础相结合，以车站和车载显示终端为媒体向乘客提供信息服务，其主要功能是及时为车站和列车上的乘客提供列车导乘信息，同时也可提供时间、新闻、广告及天气预报等其他信息。

乘客信息系统在地铁出入口、站厅、站台、电梯和扶梯的上下端口、列车车厢内等乘客可视的空间设置等离子显示器、液晶显示器、单行或多行发光二极管显示器、彩色发光二极管显示器、投影墙等现代视频显示装置，并利用这些装置进行信息展示。

乘客信息系统根据不同时期的实践，形成以下三种不同应用方案。低端方案：实现车地之间的实时移动传输，车载子系统自成体系，播出不受中心或车站控制。中端方案：实现车地之间的准实时移动传输，利用列车进站或回库的时间将事先录制好的视频信息通过无线集群的方式发送给列车，待列车行驶时向旅客播放。高端方案：实现车地之间的实时移动传输，在网络子系统中搭设用以进行列车和车站信息传输的网络，可以实时地进行车地信息（包括视音频、文字、图形）传输。

一、PIS 的基本要求

1）注重系统的科学化、合理化。无论从软件体系开发、终端设备布置及发布的资讯内容等方面都充分考虑以人为本的要求，具备为乘客服务，便于操作人员管理、使用等特点。

2）充分考虑城市轨道交通通信系统、导向标识等系统的接口设计，确定显示终端数量和位置满足乘客的需求，保证乘客既能及时得到所需讯息，又不与其他系统设备发生冲突和干扰。

3）应考虑不同城市环境、不同城市轨道交通车站地理环境状况，甚至是不同的地域文化等特色，合理、有效地分布终端显示设备，规划信息显示，形成一套完善的地铁乘客信息系统。

4）采用模块化的整体设计，各部件尽量遵从标准化、系列化和组合化的原则，也可以根据使用需求进行灵活调整。

5）系统应对数据处理提供良好的容错性，即使外部运行环境出现异常，仍能保证系统正常工作。

6）系统软件应具有可扩展性、兼容性，软件界面设计应尽量充分考虑给运营维护人员提供便利。

7）信息的显示具有良好的优先级控制和分区控制，满足紧急情况下的需要。

8）车站视频及 LED 设备的显示效果应满足国家有关标准。

二、乘客信息系统的种类

1. 按控制功能分类

PIS 可分为中心播出控制层、车站播出控制层、车站播出设备及信息源四个层次。

2. 按结构分类

PIS 可分为控制中心子系统、备用控制中心子系统、车站子系统、车载子系统、网络子系统及广告制作子系统等。

（1）控制中心子系统　控制中心子系统是 PIS 的核心部分，主要负责外部信息流的采集、播出版式的编辑、播出控制、视频流的转换和对整个 PIS 设备工作状态的监控及网络的管理。控制中心子系统主要设备有中心操作员工作站、中心网管工作站、播出控制工作站、中心服务器、视频流服务器、集成化软件系统、外部信号源及数字电视设备等。

（2）备用控制中心子系统　为了提高控制中心的可靠性，在 PIS 中设置备用控制中心，控制中心子系统和备用控制中心子系统通过网络实时同步状态信息，一旦出现主控制器故障情况，备用控制器能立即接管主控制器所有功能，保证网络的不间断运行。备用控制中心子系统主要由播出控制工作站、监控工作站、服务器、网管及网络设备等组成。

（3）车载子系统　车载子系统具有以下功能：

1）在列车上播放预先录制好的 DVD，主要是提供广告信息。

2）通过全线的无线宽带传输网络，提供行驶过程中列车 PIS 的实时音频信息源。

3）通过车载无线集群系统向列车传送信息，该传送方式可保证信息的实时性，例如，天气预报、文字新闻和其他信息等。

4）在固定地点（如车辆段）通过有线或无线的方式向列车传输信息，行驶过程中列车 PIS 可播放这些信息。

（4）网络子系统　网络子系统是指城市轨道交通主干通信网提供给 PIS 的通道，该通道用来传输从控制中心到各车站、地铁车辆之间的各种数据信号、控制信号和视频信息。网络子系统包括有线网络和车地无线子系统。中心局域网、广告中心局域网、车站局域网都是通过网络交换机连接本局域网内的各种设备，再由交换机经硬件防火墙设备连接至传输网上。

（5）广告制作子系统　PIS 的广告制作子系统大多设置在站厅层。广告制作子系统主要供业务人员或广告制作人员制作广告节目，编辑广告时间表，控制指定的显示屏或显示屏组播放显示指定的时间表，并将制作好的素材经审核通过后由网络传输到控制中心和各车站进行播出。

三、乘客信息系统的组成

城市轨道交通乘客信息系统由以下几部分组成：

1. 信息源

根据地铁运营要求接收采集公共信息、旅客信息、商业广告信息、移动电视接收信息、有线电视信息及时钟信号等，形成数据库接口。

2. 车站播出设备

车站播出设备主要是 LCD 液晶显示屏。

3. 车载传输设备

具有同一传送内容的断点续传功能，实现运行列车通过无线局域网及时有序地接收信息内容，并且车载设备利用车—地无线通信系统、有线传输网络将车上监视图像传递到控制中心。

四、乘客信息系统的功能

1. 实时信息显示

PIS 采用同屏幕多区域信息并行发布形式，使屏幕不同区域信息根据数据库信息的改变实时更新，这是 PIS 的主要功能之一。

2. 紧急疏散功能

PIS 提供应急功能——紧急灾难告警模式。通过 PIS 与监视系统、消防及公安等系统的紧密结合，预先设置多种紧急灾难告警模式，一旦发生紧急状况，立即中断正常信息发布，通过声音与图像的形式提醒乘客紧急避险，指示正确的疏散通道。

3. 综合信息发布功能

PIS 能为乘客提供信息查询功能，乘客可通过触摸屏等终端设备，检索城市轨道交通公司的地面交通信息、宣传资料、电子地图、航班票价信息、网络广告、酒店、宾馆及旅游信息等资料。

4. 全数字传输功能

PIS 从中心信号采集开始即采用全数字方式，所有信息经过视频流服务器处理和 IP 网关封包，转换成 DVB-IP 数据包，通过传输网络发送至各站，车站显示设备将数据包解码，转换成数字视频信号进行显示。

5. 友好的操作界面及完善的播放机制

PIS 各站点信息的发布采用集中控制和自动播出方式，设立标准的时间表播放机制，包括周、日、节假日等，系统根据时间表自动播出，不需要有人值守。

6. 广告发布功能

PIS 提供广告发布平台，可以播放图片、文字、影音多媒体等多种形式的资讯信息，目的是吸引乘客的注意力，以提高城市轨道交通运营公司的运营效益。

7. 时钟显示功能

PIS 与时钟系统有接口，能准确地读取该系统的时钟基准，并同步系统所有设备的时钟，在播出各类信息的同时显示多媒体时钟。

8. 对终端显示设备有广泛的兼容性

PIS 能够兼容多种终端显示设备，如 LCD 屏、LED 屏、PDP 屏、CRT 显示屏、投影仪及触摸屏等多媒体显示设备。

9. 网管功能

PIS 能提供远程管理控制，可以实时监控各终端显示节点状态，并自动生成网络故障统计报表。

【技能训练】

任务　紧急情况下的车站广播

一、实训目的

在紧急情况下，能运用正确且规范的广播用语完成车站广播。

二、实训准备

熟悉车站广播设备。

三、实训内容

紧急广播为在运营中出现紧急情况时，列车使用的广播信息。紧急广播有区间清客、疏散乘客（区间）、紧急撤离（列车在站台）等情况的广播。

遇到特殊事件时，站务员广播需注意广播用语规范及技巧：

1. 语音广播

站务员应尽量使用语言广播，并注意如下事项：

1）广播是否清晰准确。
2）音量是否过大/过小。
3）广播是否适时地重复。
4）广播是否在适当的地点播出。

2. 人工广播

人工广播一般在应急或特殊情况下采用，应注意以下事项：

1）先提醒乘客注意："乘客请注意，……"。
2）用简洁的语言告知乘客发生的具体事件。
3）对给乘客带来的不便表示歉意。
4）对乘客的配合表示感谢。
5）语速适中，口齿清晰，语调平和，声音洪亮。
6）使用文明用语，语言规范，语法正确，措辞得体。
7）一般使用双语广播，先用普通话，后用英语广播。

3. 在紧急情况下，车站广播系统的操作

在紧急情况下，进行正常的人工广播操作可能会来不及，耽误时间。因此在特殊情况下，比如火灾、站内突发事件、突发降雨雪、爆炸、恐怖袭击等情况时，需要直接按 FAS 广播按钮，按"全部选区"按钮，再一直按着控制盒开始按钮进行广播。

四、实训考核

学生分别针对区间清客、疏散乘客（区间）、紧急撤离（列车在站台）三种情况，完成相应的广播词，并操作设备进行广播。

考核内容	考核标准	得分
区间清客广播	广播词恰当、简洁（15 分）	
	广播流利、设备操作正确（15 分）	
疏散乘客（区间）广播	广播词恰当、简洁（20 分）	
	广播流利、设备操作正确（20 分）	
紧急撤离（列车在站台）广播	广播词恰当、简洁（15 分）	
	广播流利、设备操作正确（15 分）	
合计		

【小案例】——用户第一，创设精品

智能乘客信息系统，科技助力乘客出行。

近年来，京港地铁积极引入先进技术，致力于为乘客提供更好的出行体验。京港地铁率先在北京轨道交通引入车站智能服务机器人，从乘客需求出发，用科技提升乘客出行体验。

2021年9月28日，在京港地铁4号线和16号线国家图书馆站，3台科技感十足的地铁车站智能服务机器人正式"上岗"，为乘客提供出行查询、实地引领及运营提示等智能服务。

这款人工智能机器人化身京港地铁出行小管家"阿捷"，外形活泼可爱且拥有内容丰富的知识库，可通过语音交互、图像化表达等方式实现人机交流。这是北京轨道交通首次将智能机器人引入地铁站，为乘客提供多元的出行服务，方便乘客出行。

机器人"本领高超"，为乘客提供多元的智能出行服务。"阿捷"胸前的大屏幕"藏"着智能助手，包含多个智能服务版块。其中，机器人通过"阿捷领路"功能，可实地引领乘客到达站厅的自助售票机、直梯、出入口、换乘通道等指定地点；"阿捷问答"功能可以解答乘客出行过程中的常见问题，如票务信息、日常问询及无障碍出行等。同时，乘客可使用"信息查询"功能了解站内布局图、站外街区图、列车时刻表、路网线路图等内容；此外，可以通过"周边查询"连接电子地图，实时查询车站周边信息。国家图书馆站为三线换乘站，周边有冬奥场馆之一的首都体育馆，为此，"阿捷"特别增加了"冬奥网站"版块，供乘客获取冬奥相关信息；机器人还可通过"乘客宣传"版块展示京港地铁重要运营信息、疫情防控举措及服务内容，助力乘客地铁出行。

乘客信息系统在车站及列车里起到了为乘客提供出行信息的作用，是一种让乘客及时了解列车运营信息及公共媒体信息的一种终端设备。乘客信息系统由传统的视频终端逐渐过渡到智能机器人系统，体现了科技进步的力量，国家强大，科技先行。作为城轨专业相关人士，一定要不断学习先进技术，助力城轨技术发展。

【课后习题】

一、填空题

1. 广播系统主要由控制_____、_____和_____三级组成。
2. 为了运营防灾的需要，控制中心_____有最高优先权。
3. 控制中心操作时，各岗位优先级由高至低依次是：_____、_____、维修调度。
4. PIS 从控制功能上可分为中心播出控制层、_____、_____及信息源四个层次。
5. 城市轨道交通乘客信息系统由_____、车站播出设备、_____组成。

二、简答题

1. 简述广播系统的组成。
2. 简述乘客信息系统的功能。
3. 简述车站广播系统及中心广播系统的区别。

单元八　综合监控系统

【学习导入】

　　城市轨道交通运营管理需通过自动化系统完成列车运行的管理、车站站务的管理及设备运转的管理。2002 年，北京地铁 13 号线首次实施"供电、环控和防灾报警综合监控自动化系统"。至今，北京、上海、深圳、广州、天津、重庆、武汉、成都等地铁线路均设置了以供电设备监控和机电设备监控为核心的综合监控系统。

　　城市轨道交通综合监控系统（Intergrated Supervision Control System，ISCS），是一个高度集成的综合自动化监控系统，通过集成地铁多个主要弱电系统形成统一的监控层硬件平台和软件平台，从而实现对地铁主要弱电设备的集中监控和管理功能，实现对列车运行情况和客流统计数据的关联监视功能，最终实现相关各系统之间的信息共享和协调互动功能。通过综合监控的统一用户界面，运营管理人员能够更加方便、更加有效地监管整条线路的运作情况。本单元将介绍综合监控系统的组成和功能、岗位设置及工作人员的职责。

【学习目标】

能力目标
1. 能够利用综合监控系统的联动功能完成正常情况下车站的运营管理。
2. 能够利用综合监控系统的联动功能完成紧急情况下车站的运营管理。

知识目标
1. 掌握城市轨道交通综合监控系统的组成和功能。

2. 了解综合监控系统调度岗位配置。
3. 掌握 IBP 盘的主要功能。

素质目标
1. 培养安全第一、乘客为主的安全意识。
2. 培养应急能力和操作能力。

一、城市轨道交通综合监控系统的概念

2012 年 6 月 1 日起实施的中国国家标准 GB/T 50732—2011《城市轨道交通综合监控系统工程施工与质量验收规范》中定义：城市轨道交通综合监控系统是对城市轨道交通线路中所有电力和机电设备进行监控的分层分布式计算机集成系统。综合监控系统包含了内部的集成子系统，并与其他专业自动化系统互联，实现信息共享，促进城市轨道交通高效率运营。

集成子系统：完全集成在综合监控系统内的专业自动化子系统。子系统不需要提供操作界面，所有对子系统的操作完全通过综合监控系统的操作界面完成。集成子系统依赖综合监控系统实现正常操作功能。

互联系统：与城市轨道交通综合监控系统通过外部接口进行信息交互的、独立运行的专业自动化系统。子系统具有完整的操作界面和全套设备，可以脱离综合监控系统独立运行，完成正常和紧急操作。

二、城市轨道交通综合监控系统集成方案

城市轨道交通的实际运营需要多个专业自动化子系统相互协调配合，包括了多种子系统。纵观国内外轨道交通综合监控系统的建设情况，按照集成范围的不同可归纳总结为如下四种集成方式，详见表 8-1。

表 8-1 轨道交通综合监控系统集成方案

集成方案	工程应用	集成情况
方案一：以行车调度指挥为核心的全集成方案	新加坡东北线、中国香港东铁、法国巴黎地铁	集成 ATS、PSCADA、BAS；互联其他系统
	北京地铁 6 号线	

(续)

集成方案	工程应用	集成情况
方案二：以电调、环调为核心的适度集成方案	北京地铁 5 号、8 号、9 号、10 号、14 号、15 号、16 号、房山、昌平、亦庄、海淀山后线等	集成 PSCADA、BAS；互联其他系统
	苏州地铁 1 号、2 号、4 号线	
	郑州地铁 1 号、2 号线	
	广州地铁 3 号、4 号、5 号、6 号线，广佛线	集成 PSCADA、BAS、FAS；互联其他系统
	北京机场线	
	天津地铁 2 号、3 号、4 号、5 号、6 号线	
方案三：以 BAS 为核心、中心互联 PSCADA 系统的集成方案	南京地铁 3 号、4 号、6 号线机场段工程	集成 BAS；互联其他系统
方案四：利用各独立系统建立以综合信息共享为核心的集成方案	南京地铁 1 号线南延线，2 号、10 号线	在各独立系统基础上，在控制中心构建一套综合调度管理信息系统

从表 8-1 中可以看出，国内地铁线路目前多采用以电力监控系统（PSCADA）、环境与设备监控系统（BAS）为核心进行集成的方式，通过与站台门（PSD）、广播（PA）、闭路电视（CCTV）等系统进行界面集成，显示其系统信息的同时，具备对其底层设备的基本控制功能；另外，还与列车自动监控系统（ATS）、时钟系统（CLK）、火灾防护系统（FAS）、乘客信息显示系统（PIS）等系统进行互联，只接收相关信息，在必要的情况下，由 HMI 推出窗口显示，而不进行控制，相关设备工况显示及控制维护功能由其系统自行实现。即轨道交通的运营主要通过列车自动监控系统（ATS）来实现对列车的行车指挥，通过综合监控系统（ISCS）来实现对机电设备和电力设备的监控。ATS 和 ISCS 相对独立，仅通过在控制中心互联的方式，交互少量数据。

以行车调度指挥为核心，集成信号系统的列车自动监控子系统（ATS）、电力监控（PSCADA）、环境与设备监控系统（BAS），实现集成系统的各级监控管理功能的全集成方案称为行车综合自动化系统（TIAS）。该系统采用以 ATS、PSCADA、BAS 为核心，集成或互联 PSD、PA、CCTV、CI、FAS、AFC、PIS、CLK、ACS、信号等系统，是将传统信号系统和传统综合监控系统进行高度集成的自动化系统。TIAS 还包括设备维护子系统（DMS）、网络管理子系统（NMS）、仿真培训子系统（TMS）。TIAS 在统一平台内实现对全线列车、机电设备、电力设备的监控功能，建立高效的联动机制，有利于实现系统间快速联动和非正常情况的快速反应，提高运营管理的安全性能，是理想的综合监控集成方式。TIAS 结构图如图 8-1 所示。

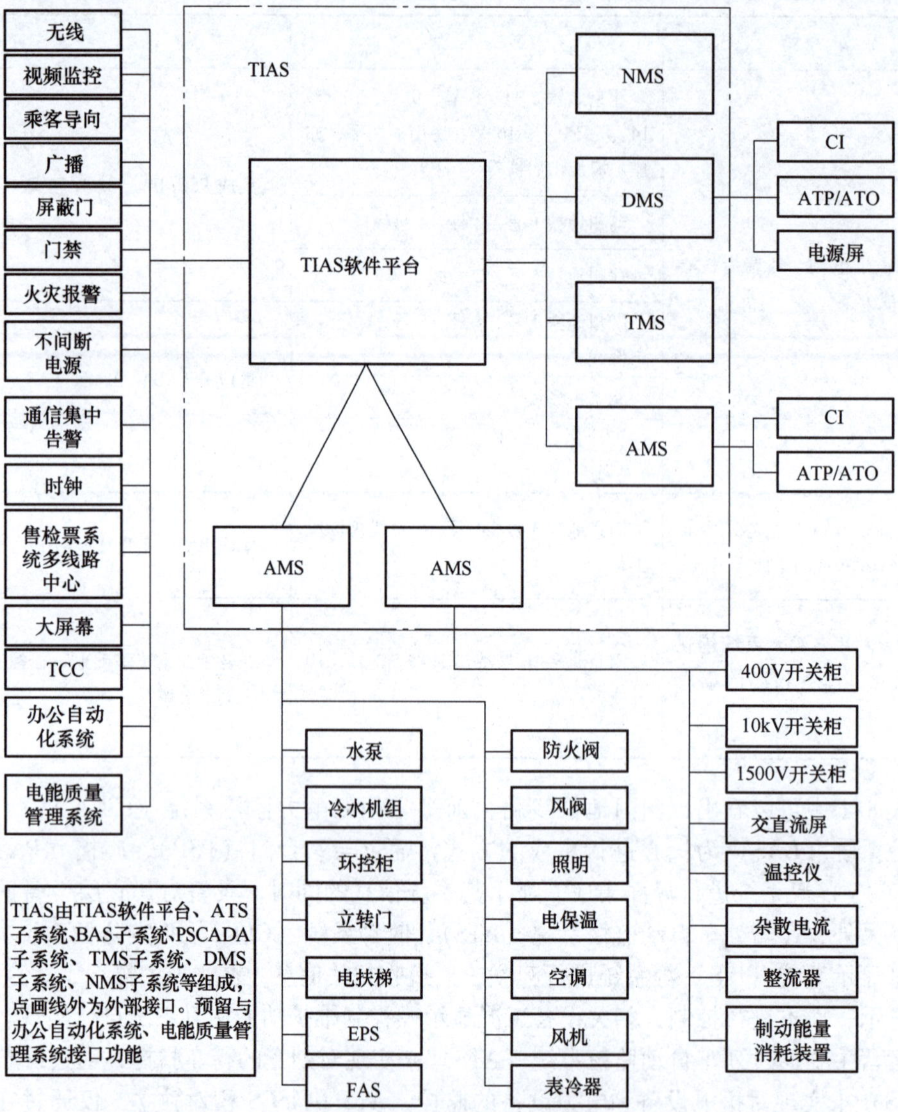

图 8-1 TIAS 结构图

 课题二　综合监控系统功能

综合监控系统集成方式不同,其功能也会有所差别,传统的监控系统和行车综合自动化系统的功能分别如下。

一、综合监控系统(ISCS)的功能

综合监控系统提供的主要功能有:

1. ISCS 的基本功能

ISCS 的基本功能包括数据采集与处理、数据点管理、通用图形界面、监视、远程控制

和操作、联动、报警和事件列表、时间同步、系统安全与权限管理、统计和报表、历史数据存档和查询、历史和实时趋势记录、冗余设备切换、系统备份和恢复、降级模式。

2. 电力监控功能

1) 监视电力设备的运行状态，如开关位置、故障状态、电压、电流等。
2) 通过单控、顺控命令对开关设备进行分、合操作。
3) 对开关保护装置进行保护操作。
4) 根据系统运行方式的需要，对供电系统设备的保护软压板进行投退操作。
5) 事故发生时，进行事件记录、故障录波显示。

3. 环境与设备监控功能

（1）远程控制功能　可对单个设备或成组设备进行单设备控制或系统组控，其中控制命令包括：风机的启动、停止控制；风阀开、关控制；照明回路合、分控制；电扶梯的启、停和方向控制；系统组控启动、停止控制等。

（2）模式控制　模式控制属于一种特定的设备组控，与基本的遥控功能相同。当发生阻塞或紧急状况时，通过模式的执行使设备按照预先定义的模式表按顺序启动响应的风机和风阀。例如：正常模式、阻塞模式、火灾模式、夜间模式等。

（3）时间表控制　系统能够按照预先设定的时间表的控制内容，控制相应设备启动或停止。

（4）火灾监控　监视火灾设备的状态信息及火灾报警信息，必要时进行相关系统的联动，使相关系统进入火灾模式。

（5）其他集成互联系统功能　如列车监视、广播、乘客信息专用功能，以及网络管理、培训开发、设备管理、决策支持等专业化应用功能。

二、行车综合自动化系统（TIAS）的功能

行车综合自动化系统，除具备传统的列车自动监控功能、电力监控功能、环境与设备监控功能外，还具备多专业信息融合功能、多专业联动功能。

（1）综合调度界面显示功能　综合调度人机界面采用统一的图形用户界面，各专业除完成本专业的功能外，还提供监视其他专业的信息。

1) 在行调工作站上，不仅具备传统 ATS 功能，系统还提供电力区段状态、隧道风机状态、区间和车站通风状态、电梯设备状态、火灾报警和客流信息显示功能。

2) 在电调工作站上，能够查看行车位置，实时显示接触轨上负载的列车信息，当线路中某段接触轨的电力负载接近超限时，能发出报警信息。

3) 在环控调度工作站上，可以提供具体某站、某区间列车运行信息，当检测到事件发生时（如发生火灾），系统可迅速查看指定火警点相关车站的行车信息，从而为火灾联动提供相关的决策信息。

（2）列车操作控制功能　行车调度员工作站系统界面提供编辑下达车载命令、指定列车无线呼叫、编辑发布列车 PIS 信息和编辑发布列车 PA 信息等功能。

（3）多专业综合控制功能　行车调度员工作站系统界面不仅提供供电区段上电/断电的人工操作功能，同时为了方便调度员查看各系统详细信息，系统提供界面切换功能。提供供电系统界面切换、隧道风机界面切换、电梯系统界面切换、CCTV 系统界面切换、FAS 界面

切换、AFC 界面切换、PIS 界面切换、PA 系统界面切换和站台门系统界面切换等功能。可将主界面从站场图界面切换至其他系统界面。电调工作站，当需要查看更详细的列车位置时，可以调出站场图的界面，从而方便各专业协同工作。

（4）多专业联动功能　行车综合自动化系统为提供友好的人机交互和满足不同应用需求，可提供全自动、半自动和手动三种联动方式。

1）全自动联动指 TIAS 判断满足报警联动触发点后，自动发送相应的控制命令到需要联动的系统。

2）半自动联动指当 TIAS 判断满足报警联动触发动作后，将在人机界面上提示调度员，待调度员确认后，TIAS 才发出联动控制指令。

3）手动联动指调度员人工选择一组涉及多个系统的顺序控制序列，系统自动按照顺序和闭锁条件向不同的系统发布指令。

课题三　综合监控系统设置

典型的综合监控系统构成包括控制中心系统、各车站管理系统、停车场和车辆段监控系统、网络管理系统、设备管理系统以及培训管理系统等。

综合监控系统的最大设计特点就是三级调度、四级控制。三级调度指的是城市级指挥中心（如北京轨道交通指挥中心 TCC）、OCC 和车站的三级调度；四级控制指的是城市级指挥中心、OCC、车站和就地级四级控制。

一般对于一条轨道交通线路来说，综合监控系统包括中心和车站两级管理，中心、车站和就地级三级控制，如图 8-2 所示。

OCC 是轨道交通的管理、调度中心，其职责是保证一条线路完整运营、统一管理，同时负责与上一级管理的接口。通常把位于 OCC 的综合监控系统称为中央级综合监控系统（CISCS）；把位于车站的综合监控系统称为车站级综合监控系统（SISCS）。CISCS 通过通信骨干网络将各 SISCS 信息汇集到 OCC，从而完成中心级的调度和控制功能，实现全线多系统的综合监控。SISCS 通过车站局域网络将现场级的信息汇集到车站，从而实现车站级的综合监控。

一、中央级系统设置

1. 中央级设备配置

综合监控系统在控制中心设置总调度台、电调台、环调台、行调台、乘调台、检调台等，在正常情况下，综合监控系统所集成的各子系统按照各自的分工，实施各自调度操作，同时总调度台负责协调各子系统的工作和事故情况的指挥。

主要设备配置有冗余实时服务器、冗余历史服务器、历史磁盘阵列、各类调度员工作站（如总调、电调和环调等）、网管服务器、网管工作站、事件打印机、报表打印机、彩色图形打印机、冗余网络交换机、通信控制器（负责中心互联系统的接入）、大屏幕、弱电系统不间断电源（UPS）等。

2. TCC 报送终端

综合监控系统在控制中心及备用控制中心提供一台计算机作为 TCC 远程客户终端，实

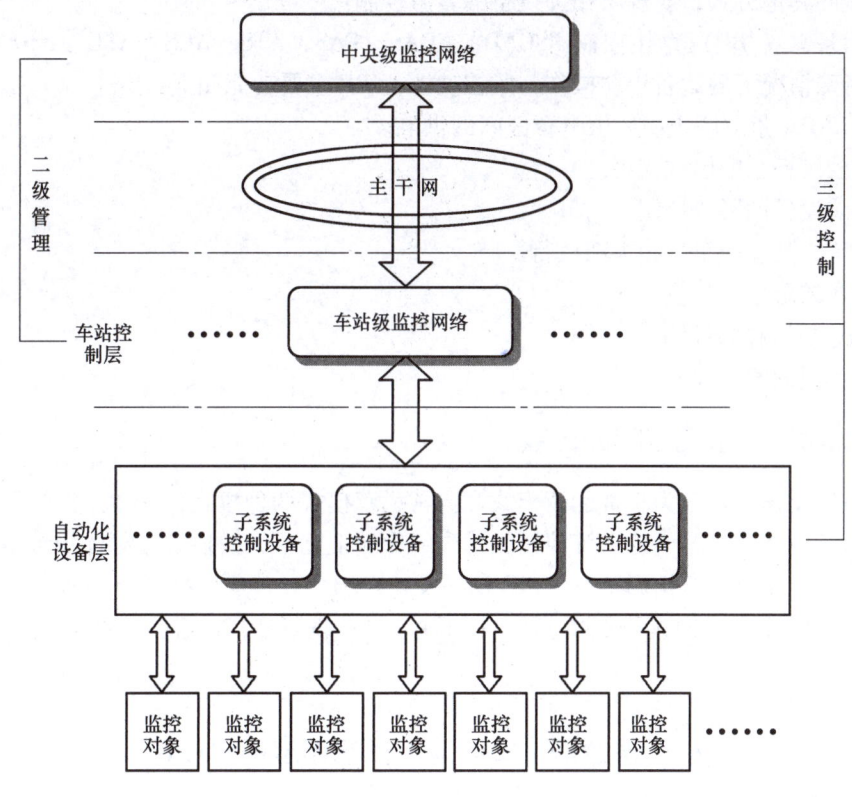

图 8-2　综合监控系统总体架构图

现线路综合监控系统与 TCC 系统的数据交换；同时，在线路控制中心通过远程网络实现对 TCC 相关信息的显示。

3. 网络管理系统

中央级和车站级所有的网络设备，统一由控制中心配置的网络管理及测试工作站进行管理、配置、监视和控制。

4. 培训管理系统

培训操作员对设备的使用、运营指挥、各种运行工况的处理和模拟演练，提高调度员操作及应急指挥能力。

二、车站级系统设置

车站级系统由冗余实时服务器、历史服务器、工作站（值班站长操作员工作站和值班操作员工作站）、前端处理器（又称互联开关、通信控制器，简称 FEP）、事件打印机、网络交换机、综合后备盘（IBP）和不间断电源（UPS）等构成。

冗余实时服务器，用于车站级 ATS、PSCADA、BAS 三个系统的信息整合，同时负责车站级集成、互联系统提供给综合监控系统的信息处理。

在系统故障或发生灾害等紧急事件的特殊情况下，需保证车站具有紧急控制装置，以免影响安全，因此在车站综合控制室内设置综合后备盘（IBP），通过与车站控制系统通信接口完全无关的其他方式,实现对相关设备的紧急控制。

综合后备盘（IBP）直接控制 PSCADA、BAS、FAS、ATS、ACS、AFC、PSD 系统的设备,实现特殊情况下的后备手动操作与监控功能。IBP 主要功能如下：

1）PSCADA 紧急停止相邻供电臂区间的供电。
2）环控设备系统模式控制。
3）消防设备的紧急控制。
4）ATS 的紧急停车、扣车和放行。
5）ACS 的解禁与释放。
6）AFC 闸机释放控制。
7）站台门的紧急控制。

三、综合监控系统控制优先级

城市轨道交通运营分为正常运营模式和异常运营模式两种模式。

正常运营模式下综合监控系统控制的优先级为从上到下,监控点控制优先级由高到低的顺序是：中心调度员、车站调度员、IBP 盘、设备现场。异常运营模式下系统控制的优先级为从下到上,监控点控制优先级由高到低的顺序是：现场、IBP 盘、车站调度员、中心调度员。

 课题四　综合监控系统调度岗位设置

综合监控系统的主要服务对象是控制中心的各专业调度员,停车场和车站的值班人员,相应地需配置电力调度员工作站、环境调度员工作站、行车调度员工作站、车辆检修调度员工作站、乘客调度员工作站、总调度员工作站、值班站长操作员工作站、值班员操作工作站和维调工作站等。本课题以北京地铁某线路的行车综合自动化系统的调度岗位设置为例进行说明。

一、中心级工作站岗位设置

1. 中心级工作站的功能

行车综合自动化系统在控制中心（OCC）和停车场后备中心均配置中央级工作站,主要监控职能有：

1）实现集成系统的原有调度工作的全部功能。
2）监视各互联子系统的信息。
3）监视全线环境、灾害、乘客、供电及车站主要设备的运行情况。
4）根据不同的情况启动相应的预设工作模式实现全线各子系统的联动控制。
5）具有网络管理功能。
6）具有设备维护管理功能。
7）向轨道交通指挥中心（TCC）传送房山线预定全线数据,接收 TCC 信息。

2. 各工作站职责

（1）总调度员操作工作站　正常情况下,总调度员操作工作站将负责 TIAS 各集成与互联子系统的调度管理工作，协调相关调度员操作工作站之间的配合工作，监视各系统设备的运行状态和各调度员操作工作站工作状态。当发生火灾时，根据现场实际情况制定相关的应急处理措施，及时决策，并监督防灾指挥台完成各项程序，有效指挥。

（2）供电系统调度员操作工作站　主要负责对主变电所、牵引降压所、跟随所和降压所的断路器和隔离开关进行监控，对设备的状态、电压、电流和功率等实时信息进行监控，具有紧急断电功能，实现变电所 CCTV 视频监控。

（3）环境调度员操作工作站　主要负责对车站的暖通空调、低压配电与动力照明、给水排水、电梯系统、PIS、PA、CCTV、PSD 和 FAS 的监视与控制，以及列车位置、AFC 设备工作状态和客流信息的监视。

（4）行车调度员操作工作站　主要负责对全线在线列车运行信息和信号设备信息的监视，列车信息管理、运行图在线管理及线路运行管理等。完成控制区域选择、跳车、扣车、进路等命令；对 PA、CCTV 和 TETRA 等通信系统的控制和操作；行车调度员操作工作站可控制和选择 PA、TETRA 台和 CCTV 图像监视，也能够进行 CCTV 在大屏幕显示系统上的监视模式的选择。行车调度员操作工作站可监视 PSD 的运行状态、时钟和客流以及接触轨带电信息等内容。

（5）车辆检修调度员操作工作站　主要负责对车辆上各个子系统发送的主要设备报警信息、维修信息的收集和管理，组织指挥对车辆上设备的维修工作，针对各种可能发生的突发事件，编制事故抢修、灾害救援方案，由突发事件触发调出相应处理预案，快速处理故障，减轻事故及灾害影响。

（6）乘客调度员操作工作站　主要负责处理在线列车上与乘客相关的事件，当在线列车发生突发事件时，安抚和疏导乘客，保证乘客的人身安全。

（7）维修调度员操作工作站　主要负责自动或手动完成各子系统发送的主要设备报警信息、维修信息的收集和管理，作好维护管理工作，组织指挥定期或临时的现场设备的维修工作，针对各种可能发生的突发事件，编制事故抢修、灾害救援方案，由突发事件触发调出相应处理预案，快速处理故障，减轻事故及灾害影响。

3. 各调度员工作职责

（1）总调度员的职责　总调度员是行车综合自动化系统的调度总负责，主要是主持日常的调度管理工作，协调系统内各业务调度台的日常工作。总调度员上对中心主任，下对各业务台，横向与其他相关台发生联系。

（2）行车调度员的职责　行车调度员负责按照公司的有关规定，指挥和协调行车各岗位的运作，组织实施各种行车工作计划，确保行车工作的正常进行。按照运营时刻表监控列车开行，确保列车运行安全、准点。监控各种行车设备运作，处理运营中出现的紧急情况。

（3）维修管理调度员的职责　维修管理调度员负责行车综合自动化系统维修调度管理。维修管理调度员上对总调度员，下对各车站监控台，横向与其他相关台发生联系。

（4）供电调度员的职责　供电调度员负责对全线的供电系统设施进行监控管理，对供电设备进行远程操作，完成供电系统的停电、送电操作，监视供电系统的运行状态，指挥正常的检修作业和事故抢修作业，配合防灾指挥台完成对突发事件的处理工作等。供电调度员上对总调度员，下对各车站监控台，横向与其他相关台发生联系。

（5）机电调度员的职责　机电调度员负责对全线的机电系统设施进行监控管理，对所辖区域消防设施进行监控管理等。在火灾发生时，自动成为灾害应急总指挥，组织协调与相关业务台的配合，实现地铁灾害模式控制等。在阻塞发生时，配合 OCC，监视现场相关设备的运行状态，根据实际情况，制定有关方案等。机电调度员上对总调度员，下对各车站监控台，横向与其他相关台发生联系。后期，可根据运营需求，机电调度员兼任维修管理调度员和电力调度员。

（6）乘客调度员的职责　乘客调度员负责处理在线列车上与乘客相关的事件，当在线列车发生突发事件时，通过列车广播或乘客对讲安抚和疏导乘客，保证乘客的人身安全。

（7）车辆检修调度员的职责　车辆检修调度员负责对车辆上各个子系统发送的主要设备报警信息、维修信息的收集和管理，组织指挥对车辆上设备的维修工作，针对各种可能发生的突发事件，编制事故抢修、灾害救援方案，由突发事件触发调出相应处理预案，快速处理故障，减小事故及灾害影响范围。

二、车站级工作站岗位设置

1. 车站级工作站的功能

车站级工作站位于车站综控室，主要监控职能有：

1）实现集成系统的原有调度工作的全部功能。

2）监视各互联系统的信息。

3）监视车站管辖范围内的环境、灾害、乘客、供电及车站主要设备的运行情况。

车站 TIAS 提供两种不同用途的监控操作站，包括：

1）车站值班站长操作工作站：为车站值班站长及行车值班人员提供车站设备系统（含信号设备）的状态，控制与信号、运营相关的重要设备的运行。

2）车站值班员操作工作站：为机电值班人员或维修人员提供机电设备的状态，控制机电设备的运行。

2. 各工作站职责

1）值班站长操作员工作站：主要负责上传与下载控制中心各种指令，监视与控制本车站的机电设备（BAS、FAS、PIS、通信、AFC 和 PSD）工作状态，故障报警，完成车站机电设备控制操作，各种设备的运行时间累计，切换运行模式等。

2）值班员操作员工作站：主要负责对车站 PA、CCTV 和 TETRA 等通信系统的控制和操作；可控制和选择 PA、TETRA 台和 CCTV 图像监视等。

3. 车站值班员工作职责

车站值班员由车站控制室的值班人员兼职对车站设备进行全面监视和控制。正常工况下监控设备正常操作和日常维护；在接受控制中心调度命令的情况下，可根据有关规定，完成相关系统设备的监控操作；紧急情况下根据现场的紧急情况，值班人员可直接操作 IBP 盘，完成对相关设备的控制操作。

课题五　车站综合后备盘（IBP）

在城市轨道交通监控系统中，车站综控室内的综合后备盘（Integrated Backup Panel，IBP）在线路中得到了广泛的应用。IBP 盘集中显示火灾自动报警系统（FAS）、环境与设备监控系统（BAS）、电力监控系统（PSCADA）、站台门系统（PSD）、自动售检票系统

（AFC）、信号系统（ATS）、广播系统（PA）、门禁系统（ACS）等主要设备运行状态，并在紧急状态下对车站内相应的系统设备进行紧急操作。

一、IBP 盘的构成

IBP 盘（图 8-3）一般由上下两部分组成，上层部分为 IBP 盘面，主要设置指示灯和按钮，用于显示设备运行状态和控制操作，下层部分为设备操作台，主要放置各专业系统的设备，如显示器、调度电话和监视器以及相关的辅助设备。

IBP 盘简介

IBP 盘设备组成及其作用

图 8-3　IBP 盘

车站综控室 IBP 盘与各专业系统通过电缆采用硬结点方式进行连接，其构成主要有工作电源、盘面布置的各专业操作控制按钮、信号状态指示灯、闭锁开关、时钟、相应各专业设备编号等。在 IBP 盘面上一般划出各分区，对不同系统的设备进行监控。

二、IBP 盘的主要功能

正常情况下，由控制中心调度人员指挥全线路的运行。在特殊情况下，如控制中心失去功能时，则整个地铁线路可降级运行，由各车站直接完成运行管理，此时 IBP 盘就发挥了作用。

1. 供电系统功能区

供电系统功能区，如图 8-4 所示。通过 IBP 盘上的紧急停电按钮，实现对本站相邻供电分区的接触轨进行断电操作，并将停电信号在 IBP 盘上反馈。

2. 环境与设备监控系统功能区

环境与设备监控系统功能区分车站紧急通风和隧道紧急通风功能区，如图 8-5 所示。控制隧道通风、车站通风，监控车站及区间内的防排烟风机等设备，运用模式有消防联动和阻塞模式等。

3. 自动售检票系统功能区

自动售检票系统功能区，如图 8-6 所示。监视自动售检票系统的服务状态，IBP 盘上设置的紧急释放按钮与车站 AFC 设备连接，紧急情况下对本站所有的闸机开启，便于乘客疏散。

4. 站台门系统功能区

站台门系统功能区，如图 8-7 所示。在紧急情况发生时（如滑动门与车体之间存在异物，列车正常到站滑动门无法打开，火灾、阻塞需紧急疏散等紧急情况），通过 IBP 盘的站台门紧急开启按钮，实现对滑动门的紧急开启功能。

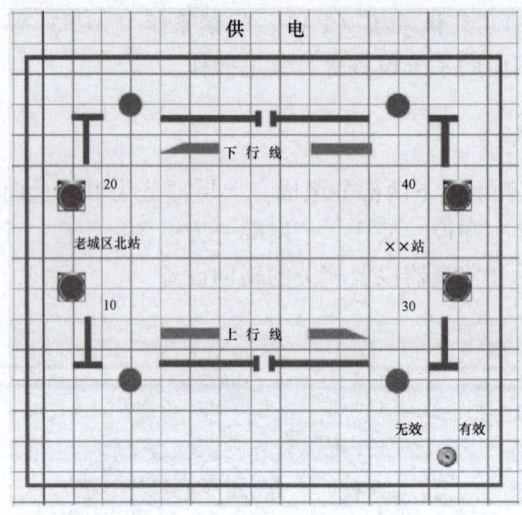

图 8-4　IBP 盘供电系统功能区

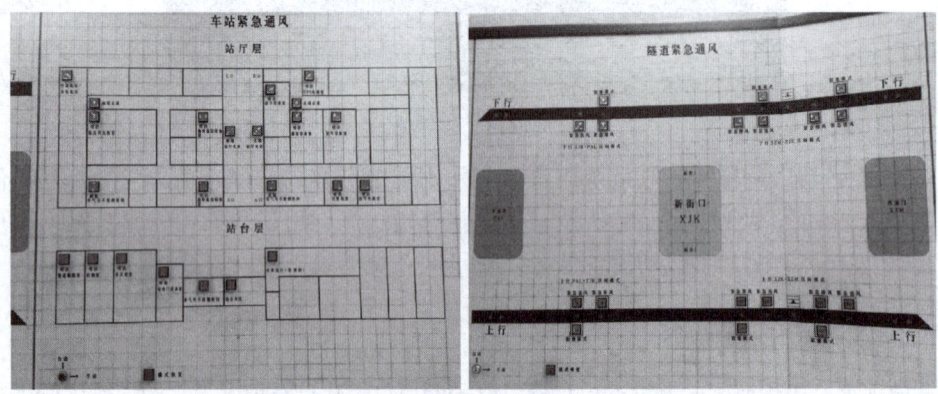

图 8-5　IBP 盘环境与设备监控系统功能区

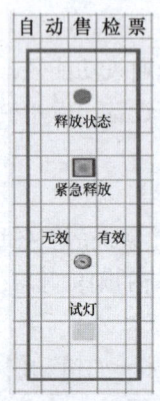
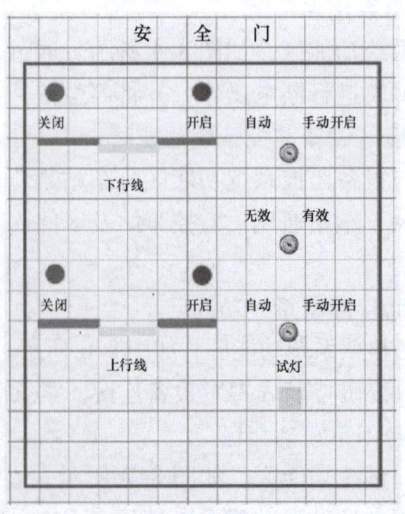

图 8-6　IBP 盘自动售检票系统功能区　　图 8-7　IBP 盘站台门系统功能区

5. 火灾自动报警系统功能区

火灾自动报警系统功能区，如图 8-8 所示。监视消防泵、专用排烟风机等消防设备的运行状态，启停消防泵、专用排烟风机等消防设备。

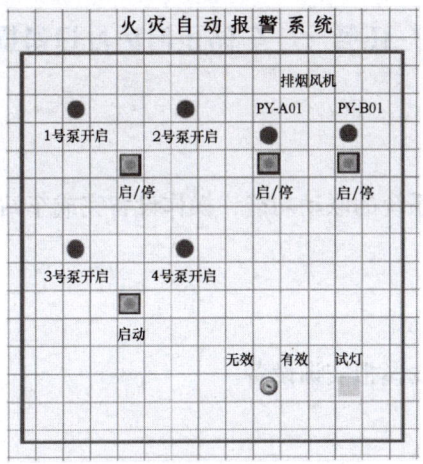

图 8-8　IBP 盘火灾自动报警系统功能区

6. 信号系统功能区

信号系统功能区，如图 8-9 所示。紧急情况时，通过紧急关闭按钮，实现信号系统信号机的紧急关闭，实现列车在自动状态下的紧急停车，防止列车进站。当危险信号解除时，通过紧急关闭复原按钮，进行信号系统的恢复，使得列车恢复到正常运行状态。

7. 门禁系统功能区

门禁系统功能区，如图 8-10 所示。在火灾、恐怖袭击等紧急情况下，对本站相应区域门禁系统电锁的紧急断电（或称为门锁释放），便于运营人员和乘客逃离危险区域。

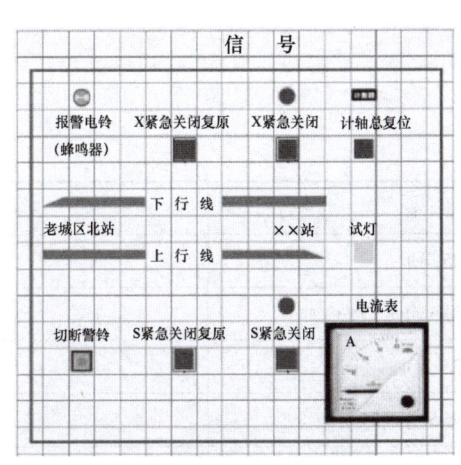

图 8-9　IBP 盘信号系统功能区

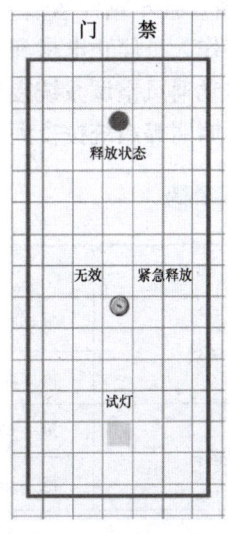

图 8-10　IBP 盘门禁系统功能区

【技能训练】

任务一　车站正常运行设备操作

一、实训目的

利用综合监控系统各子系统的联动功能，操作设备完成车站早间运行、夜间运行的准备工作。

二、实训准备

综合监控系统车站级仿真模拟实训设备。

三、实训内容

1. 车站早间运行

1）车站综控室操作员工作站开启所有照明、路标。
2）BAS 启动通风空调系统早间运行模式。
3）在 CCTV 监视器上显示闸机出、入口处 CCTV 图像。
4）PA 设备广播车站开始运行信息。
5）在 PIS 显示屏上显示车站开始运行信息。
6）车站工作人员开启电梯和自动扶梯。

2. 车站夜间运行

1）在 CCTV 监视器上显示闸机出、入口处 CCTV 图像。
2）PA 设备广播车站停运信息。
3）车站工作人员停止电梯和自动扶梯。
4）BAS 启动通风空调系统夜间运行模式。
5）路标、照明等系统按夜间模式运行。

四、实训考核

考核内容	考核标准	得　分
车站早间运行	每一步骤完成得 5 分（25 分）	
	每一步骤设备操作正确得 5 分（25 分）	
车站夜间运行	每一步骤完成得 5 分（25 分）	
	每一步骤设备操作正确得 5 分（25 分）	
	合计	

任务二　车站火灾情况下设备操作

一、实操目的

利用综合监控系统各子系统的联动功能，操作设备完成车站在火灾的紧急情况下的运营管理工作。

二、实训准备

综合监控系统车站级仿真模拟实训设备。

三、实训内容

1. 车站站厅发生火灾

1）车站综控室值班人员查看在操作员工作站上弹出的报警窗口显示的火灾发生地点，现场确认火灾灾情并上报 OCC，执行中央控制室下达的各项运行模式指令，启动火灾运行模式。

2）车站值班员通过火灾车站的 IBP 紧急按钮，使该车站闸机释放。

3）车站值班员通过 IBP 盘解禁门禁。

4）车站工作人员停止扶梯运行（除作疏散用的扶梯外）。

5）FAS 发出控制命令切除不重要的三级负荷。

6）CCTV 对准事故现场和乘客疏散通道。

7）车站综控室值班人员手动将广播系统强制转入火灾事故广播。

8）车站疏散导向系统显示引导乘客疏散信息。

9）向 OCC 及时通报有关车站火灾灾情。

10）消防人员利用设在站厅的消防设施进行灭火。

2. 车站站台发生火灾

1）车站综控室值班人员查看操作员工作站上弹出的报警窗口显示的火灾发生地点，现场确认火灾灾情并上报 OCC，执行中央控制室下达的各项运行模式指令，启动火灾运行模式。

2）车站值班员通过 IBP 盘解禁门禁系统（ACS）被控门。

3）车站值班员通过 IBP 盘释放自动售检票系统（AFC）的闸门。

4）车站工作人员全部停止上行、下行扶梯运行，对于提升高度大的车站，其上行扶梯可以运行；下行扶梯由工作人员控制反向启动，使扶梯上行。

5）FAS 发出控制命令切除不重要的三级负荷。

6）CCTV 对准事故现场和乘客疏散通道。

7）车站综控室值班人员手动将广播系统强制转入火灾事故广播，通过事故广播系统和闭路电视系统、车站信息系统、疏散导向系统，对旅客进行安全疏散引导。

8）车站疏散导向系统显示引导乘客疏散信息。

9）向 OCC 及时通报有关车站火灾灾情。

10）消防人员利用设在站台的消防设施进行灭火。

3. 车站设备管理用房发生火灾

1）车站综控室值班人员查看操作员工作站上弹出的报警窗口显示的火灾发生地点，现场确认火灾灾情并上报 OCC，执行中央控制室下达的各项运行模式指令，启动火灾运行模式。

2）车站值班员通过火灾车站的 IBP 紧急按钮，使该车站闸机释放。

3）车站值班员通过 IBP 盘解禁门禁系统（ACS）被控门。

4）车站工作人员停止扶梯运行（除作疏散用的扶梯外）。

5）FAS 发出控制命令切除不重要的三级负荷。

6）CCTV 对准事故现场和乘客疏散通道。

7）车站综控室值班人员手动将广播系统强制转入火灾事故广播，通过事故广播系统和闭路电视系统、车站信息系统、疏散导向系统，对旅客进行安全疏散引导。

8）车站疏散导向系统显示引导乘客疏散信息。

9）向 OCC 及时通报有关车站火灾灾情。

四、实训考核

根据实训环境进行车站火灾情景设置，学生 5~6 人一组，分小组完成模拟演练。

考核内容	考核标准	得 分
演练方案	方案设计完整、流程正确（15 分）	
演练准备	角色分配合理（10 分）	
	工具选用正确（10 分）	
演练过程	各岗位工作人员按章操作（20 分）	
	信息沟通完整（15 分）	
	语言表达流畅（15 分）	
	成员配合默契（15 分）	
合计		

【小案例】——民族自信，强国有我

经过几代"轨道交通人"坚持不懈地接力传承，我国城市轨道交通白手起家，设施设备不断建设、研发、升级，运营管理持续优化、完善、精益，目前已达到世界先进水平。《综合运输服务"十四五"发展规划》提出要构建舒适顺畅的城市出行服务系统并打造数字智能的智慧运输服务体系，城市轨道交通的建设规模、智能化水平还将迎来更大发展。作为国家未来的接班人，应坚定信念、努力学习、练好基本功、磨好奋斗志，以"大国工匠"的标准严格要求自己，为早日建成"交通强国"贡献个人力量！

【课后习题】

一、填空题

1. 地铁运营对列车_____、_____和_____方面提出了很高的自动化要求。
2. 目前，北京及国内在建及已开通线路多采用了以_____、_____为核心集成 PSCADA、BAS 的适度集成方案。
3. 北京地铁 6 号线在国内率先采用了以_____为核心集成 ATS、PSCADA、BAS 的全集成方案。
4. 综合监控系统分为_____、_____和_____三级控制。
5. 对照中英文填写下列表格。

序 号	缩 写	中文全称
1	ACS	
2		自动售检票系统
3	ATS	
4		环境与设备监控系统
5	CCTV	
6	CLK	
7		火灾报警系统
8	IBP	
9		综合监控系统
10	UPS	

二、简答题

1. 简述典型的综合监控系统的构成。
2. 简述综合监控系统控制优先级。

参 考 文 献

［1］上海申通地铁集团有限公司轨道交通培训中心．城市轨道交通车站机电设备［M］．北京：中国铁道出版社，2013．
［2］李红莲．城市轨道交通车站设备［M］．北京：中央广播电视大学出版社，2015．
［3］仇海兵．城市轨道交通车站设备［M］．北京：人民交通出版社，2011．
［4］颜月霞．城市轨道交通综合监控系统［M］．北京：人民交通出版社，2015．
［5］陈吉余，李卫娟，何红光．TIAS 系统及其在北京地铁 6 号线的应用［J］．铁道通信信号，2014（11）：49-52．
［6］舜鑫．谈 IBP 盘在地铁工程中的应用［J］．应用技术，2013（15）：188，192．
［7］中华人民共和国国家质量监督检验检疫总局．轨道交通站台门电气系统：GB/T 36284—2018［S］．北京：中国标准出版社．